Flavia Kobal

VIDA INABALÁVEL

Presidente do conselho:
Maurício Sita

Presidente:
Alessandra Ksenhuck

Vice-presidentes:
Cláudia Pires e Julyana Rosa

Diretora de projetos:
Gleide Santos

Coordenadora editorial:
Amanda Moura

Assistentes editoriais:
Júlia Almeida e Lui Navarro

Capa, projeto gráfico e diagramação:
Gabriel Uchima

Revisão:
Ivani Rezende e Jayne Oliveira

Impressão:
Printi

Dados Internacionais de Catalogação na Publicação (CIP)
(Câmara Brasileira do Livro, SP, Brasil)

Kobal, Flávia
Vida inabalável / Flávia Kobal. -- São Paulo : Literare Books International, 2024.

ISBN 978-65-5922-952-9

1. Autoajuda - Aspectos religiosos 2. Conduta de vida 3. Espiritualidade I. Título.

24-226516 CDD-158.1

Índices para catálogo sistemático:

1. Autoajuda : Conduta de vida : Psicologia aplicada 158.1

Eliane de Freitas Leite - Bibliotecária - CRB 8/8415

Literare Books International.
Alameda dos Guatás, 102 – Saúde – São Paulo, SP.
CEP 04053-040
Fone: +55 (0**11) 2659-0968
site: www.literarebooks.com.br
e-mail: literare@literarebooks.com.br

MISTO
Papel | Apoiando o manejo florestal responsável
FSC® C196274

AGRADECIMENTOS

Este livro é fruto de uma jornada compartilhada, e há muitas pessoas especiais a quem devo expressar minha profunda gratidão.

Em primeiro lugar, quero agradecer a meu esposo João, pelo amor incondicional, pela paciência e pelo encorajamento. Sua fé em mim foi um alicerce fundamental durante todo este processo.

Às minhas filhas, Beatriz e Melissa, e ao meu genro, João Victor, por serem fontes constantes de inspiração e alegria. Suas conquistas e apoio significam o mundo para mim.

Aos meus pais, Bene e José, que me ensinaram valores essenciais e sempre me apoiaram incondicionalmente. Sem a orientação e o amor de vocês, eu não estaria onde estou hoje.

Aos meus irmãos, Fabricio e Fernanda, pelo apoio constante e vínculo forte que compartilhamos. Vocês sempre estiveram ao meu lado e, por isso, sou eternamente grata.

Aos meus pais espirituais, Glaucio e Marili Coraiola, pela sabedoria, pela orientação e por me ajudarem a crescer na fé. Vocês são verdadeiras bênçãos em minha vida.

Agradeço aos meus discípulos da Cia de Daniel, por caminharem comigo na fé e na vida. E aos amigos de longa jornada cuja amizade e apoio têm sido inestimáveis.

Aos meus alunos, mentorados e seguidores, pelo entusiasmo, feedback e incentivo constantes. Vocês são grande parte da minha motivação e alegria.

Finalmente, quero agradecer a Deus, por Sua graça, sabedoria e amor, que me guiam todos os dias. Sem Ele, nada disso seria possível.

PREFÁCIO

Fazer a apresentação deste livro é, ao mesmo tempo, desafiante e um privilégio, pois o próprio título já nos remete a uma dimensão de desafios e intocabilidade.

Abrindo o livro, você encontrará questionamentos sobre o que verdadeiramente significa abundância. E essa abundância só acontecerá se houver a aplicação dos 12 princípios citados aqui. Esses princípios levarão você a um patamar de vida com Deus em uma combinação de propósitos, relacionamentos, emoções, carreira e dinheiro. Sendo assim, Flavia Kobal nos leva ao dualismo entre a escassez e uma vida inabalável.

O que mais me chamou atenção foram "as quatro estações do coração". Com mestria e grande performance, Kobal nos provoca a desenvolver uma mente criativa e, como consequência, uma vida baseada na fé.

Ao ler este livro você deverá garantir que cada princípio aprendido se torne uma prática em sua vida. Só quando unimos teoria à prática nos convencemos que a mudança é necessária.

É por ter sido impactado com o conteúdo deste livro que eu o apresento a você e o aconselho a lê-lo quantas vezes for preciso para que seja incentivado a viver essa vida inabalável.

Sem dúvida, a autora apresenta um dos maiores confrontos de nossas vidas: estar no centro da vontade de Deus. E a única maneira de estarmos no centro da vontade de Deus é quando cumprimos a visão que Ele nos deu. Ao estarmos nesse lugar, teremos a certeza de que não faltará provisão para realizá-la.

No final do livro, Kobal lhe mostrará o segredo para que você alcance sucesso em tudo o que fizer.

Indico este livro porque creio que ele lhe trará confiança, segurança, coragem e extrema autoridade em todas as áreas de sua vida.

Desfrute desta revelação.

Apóstolo Glaucio Coraiola

SUMÁRIO

CONECTANDO EMOÇÕES E ESPIRITUALIDADE

Ouvi de um profeta: "*Apenas escreva... Escreva... Compartilhe. Pare de reter aquilo que Deus está entregando para você. Seja um canal e replique*".

Então, estou aqui obedecendo.

Após uma imersão intensa, descobri que estou sete anos atrasada no propósito que Deus tem para a minha vida. Entender isso foi uma das coisas mais difíceis que já experimentei.

O livro é uma dessas coisas.

Sou uma perfeccionista em recuperação e, por conta disso, sempre acredito que posso melhorar, que o livro precisa ter mais coisas, mais detalhes, ser mais profundo, mais intenso ou mais prático.

Ao mesmo tempo, sabotadores em minha mente insistem em me questionar: o que sua história tem de mais para que seja compartilhada? Por que investir tanto tempo e dedicação em algo que nem sabe se terá algum retorno?

Por anos, foi assim. Fui ouvindo essas vozes que tentaram me calar até que compreendi que eu tinha duas escolhas: dar atenção a elas e enterrar meus sonhos e projetos ou calá-las de uma vez e fazer o que precisava ser feito.

Viver os sonhos é isso: trabalhar duro, com dedicação. Acordar antes de todos para que, no silêncio, sua mente ative a criatividade e você possa ouvir a voz de Deus, que sussurra em seus ouvidos as palavras certas para cada página, cada capítulo, cada história.

Este livro é o início de uma nova fase em minha vida. Um tempo em que meu único compromisso é o de viver a vontade de Deus, e sei que isso não é fácil; pelo contrário, construir uma vida inabalável exige muita dedicação e também uma constante renúncia. Abrir mão de suas verdades (eu), de suas vontades, de suas crenças, dos medos, da necessidade de aprovação, das opiniões alheias e de mais uma série de outras coisas. No entanto, quando nos encontramos no centro da vontade de Deus para as nossas vidas, entendemos aquilo que o salmista recitou: "*Mil cairão ao seu lado, e dez mil à tua direita, mas tu não serás atingido*" (Salmos 91:7).

Descansar nessa promessa é um dos pontos fundamentais que vai ajudar você a construir e viver uma vida inabalável. Então, espero que esteja pronto para iniciar essa jornada comigo.

***

Esta já deve ser a décima vez que sento e digo que vou escrever este livro.

Acordei às 5h45 da manhã e não consegui mais voltar a dormir. Dentro de mim ardeu a responsabilidade de dividir com vocês aquilo com que lutei por anos: um pensamento profundo de escassez e que, somente quando me deparei com esses 12 princípios e passei a vivê-los em minha vida, pude me livrar definitivamente daquilo que me impedia de viver uma vida plena e abundante.

Que fique claro: este não é um livro sobre mim. Contudo, minhas histórias se farão presentes, pois não quero falar de teoria, e sim de vida vivida. E se eu passei por diversas situações, superei-as e estou aqui, dividindo isso com você, é porque tenho convicção de que também pode construir seu futuro.

Eu não tenho absolutamente nada que me diferencie de você. Nenhum superpoder, uma beleza fora do comum ou dons específicos. Apenas decidi que não aceitaria mais uma vida medíocre, sem propósito e sem sentido. Decidi que honraria a Deus com minha existência e me coloquei à disposição d'Ele para ser um instrumento de luz e de transformação.

Ah, e já que falei em Deus, quero deixar claro que este não se trata de um livro religioso. Porém, você verá aqui diversas situações e citações bíblicas. Se não é cristão, não se sinta ofendido, não é minha intenção; pelo contrário, convido-o para fazer desta leitura algo cultural, quem sabe até filosófico em sua vida, e independentemente da sua crença, posso afirmar: se aplicar esses princípios, sua vida nunca mais será a mesma.

Aqui, dividirei com você 12 princípios que norteiam nossas vidas e que, quando não os cumprimos, seja por desconhecimento ou negligência, resultam em diversas dores, dificuldades e limitações, levando-nos a uma vida escassa e sem qualquer propósito.

À medida que avançar por cada etapa, você será convidado a fazer uma pequena reflexão sobre como está sua vida, tendo por base o que está sendo apresentado. Eu sou uma treinadora de pessoas e quero treinar você ao longo destas páginas.

Topa o desafio?

Chegou a hora de construir uma vida inabalável.

ESCASSEZ X ABUNDÂNCIA

Antes de iniciarmos a jornada pelos 12 princípios, preciso apresentar duas condições em nossas vidas. Eu venho de uma família simples, de classe média baixa. Meus pais, dois trabalhadores que não tiveram a oportunidade de cursar a universidade. Nossas posses e condições financeiras eram limitadas. Morávamos em uma casa própria pequena, sem nenhum luxo, apenas com um banheiro que era compartilhado entre quatro pessoas: meus pais, eu e minha irmã mais velha. Quando eu tinha 13 anos, minha mãe engravidou novamente e teve mais um filho, meu irmão completou nossa turminha.

Durante toda minha infância e adolescência, estudei em colégio público, nunca fiz uma viagem para fora de São Paulo (estado onde nasci), muito menos para fora do Brasil com meus pais. Nossas férias foram sempre na casa dos meus avós; inclusive, tenho poucas lembranças sobre isso (descobri que era uma das coisas que me limitava).

Escrevo isso para deixar claro que você não precisa ter vivido uma situação de extrema pobreza para ser escasso. Tínhamos poucos recursos, porém nunca passamos necessidades. Tínhamos casa, certo lazer, convivíamos com grupos sociais; enfim, uma família bem comum, considerada por muitos de classe média baixa.

Escassez

Escassez é um padrão mental, normalmente familiar, que arrasta você para uma vida de limitações. Crenças limitam você a agir e fazem com que acredite não ser possível alcançar sonhos, viver uma vida com propósito e, especialmente, limita a crer que a abundância está disponível para todos.

Isso é confrontador, ainda mais porque estamos inseridos em um sistema de crenças religiosas que colocam a busca material como algo que nos afasta de Deus. Então, por longos anos, lutei contra isso em minha vida, mas nessa batalha a percepção que tinha era a de ser o elo mais fraco. Perdi diversas vezes, e me via novamente conectada à escassez, como se ela fizesse parte da minha existência.

"Porque, como imagina em sua alma, assim ele é" (Provérbios 23:7). Eu me via escassa, e isso me limitava a agir conforme Deus havia me criado para ser. As experiências anteriores me fizeram acreditar que existia um limite para todas as coisas.

Entender que a abundância está disponível para todos. Reconhecer que abundância não é a ausência de necessidades (como muitas pessoas dizem por aí), e sim o transbordo em sua vida; ou seja, quando você se permite não realizar apenas seus sonhos, mas também os sonhos das pessoas ao seu redor, em especial daquelas que você mais ama.

Preciso ressaltar que, embora a maioria das pessoas conecte abundância a recursos financeiros, não se trata apenas disso. Quando digo que Deus tem para nós uma vida abundante, você precisa compreender que existem cinco pilares em nossas vidas:

- Propósito.
- Relacionamentos.
- Emoções.
- Carreira.
- Dinheiro.

Viver uma vida abundante é acessar recursos em todas essas áreas. É encontrar a felicidade nas pequenas coisas, mas também entender que o conjunto de tudo o que vive te torna uma pessoa abundante e inabalável.

E de todas as batalhas que travei contra esse pensamento limitador, a mais forte e decisiva aconteceu em 2019. Eu sou casada e tenho duas lindas e maravilhosas filhas: Beatriz, a primogênita, e Melissa, a caçula. Naquele momento, vivíamos um forte desafio familiar. Beatriz já estava no 3º ano de cursinho para medicina. Ela cresceu falando do grande sonho de se tornar médica, e nos empenhamos em poder contribuir com essa construção.

No entanto, quando ela começou a prestar os vestibulares, minha mente limitante impôs uma condição: a de que somente seria possível fazer medicina se ela cursasse uma universidade pública. Eu não conseguia alcançar, e até mesmo visualizar, a possibilidade de pagarmos esse curso em uma faculdade privada para ela.

Essa sombra a percorreu por todo o ensino médio, e mais três anos de cursinho. Até que vi minha filha desfalecendo diante de tanta luta, sem esperanças, totalmente exausta e desgastada mental e emocionalmente. Temi perdê-la. Temi não dar a ela as condições para que realizasse seu sonho, e esse foi o maior confronto com a escassez em minha vida.

Diante da dor, fiz um pacto comigo mesma e com Deus: de que nunca mais um pensamento limitante, falta de recursos ou medo da falta me parariam no propósito que Ele tinha para minha vida e para a vida daqueles que me cercavam. Entenda isso: a escassez vai tentar parar você, pois quando se torna abundante, tem a possibilidade de gerar um espírito inabalável (ainda falaremos com detalhes sobre isso).

No meu dia a dia, atendendo clientes e discípulos, percebo o quanto esse pensamento ainda é presente nas pessoas que buscam se aprofundar no desenvolvimento de suas emoções e de sua espiritualidade.

Pensamento dualista e escassez

Ao longo dos anos, alguns filósofos construíram a ideia de que nossa vida é dual, que estamos inseridos em uma sociedade que pensa que estamos focados no sagrado ou estamos voltados para o secular (profano). Dentro disso, o materialismo se tornou algo "não espiritual". Então, esse conflito se faz presente internamente.

Inconscientemente, o ser humano busca pelo eterno, pelo espírito, pela transcendência, mas sente limitado a se desenvolver espiritualmente, pois não consegue abrir mão daquilo que é terreno, material ou secular. Para se alcançar uma vida inabalável, plena e abundante, precisará romper definitivamente com esse tipo de pensamento que o aprisiona como se fosse um ser bipartido.

Como somos integrais, fomos criados para sermos abundantes e não existe aquilo que é mais ou menos importante. Dessa forma, você precisa fortalecer seu espírito, assim como precisa desenvolver sua alma e cuidar do seu corpo. Seu relacionamento com Deus, sua família, seu trabalho, seus negócios, sua saúde e suas emoções precisam fazer parte de um mesmo propósito, pois é um ser único.

Nos próximos capítulos, você começará a compreender quais são os princípios, realizar uma autoanálise de como tem aplicado cada um deles em sua vida e terá a oportunidade de fazer um alinhamento para iniciar sua jornada para uma vida inabalável.

A IMPORTÂNCIA DAS EMOÇÕES NO ACESSO À ABUNDÂNCIA

Somos seres tríades: corpo, alma e espírito. E dentro desse contexto, quero trazer uma breve descrição sobre nossas emoções, a importância delas e como podemos explorar melhor aquilo que Deus nos concedeu.

As quatro estações do coração

Ao abrirmos as portas do coração, deparamo-nos com um vasto campo emocional, no qual quatro estações distintas dançam em sintonia e moldam nossa jornada: alegria, medo, raiva e tristeza. Essas emoções, como pinturas vivas na tela da alma, revelam a complexidade da experiência humana, refletindo luz e sombra, risos e lágrimas.

1. Alegria: um hino de gratidão

Como o sol radiante que dissipa a escuridão, a alegria é a emoção que nos ergue para alturas celestiais. É o cântico da gratidão entoado por um coração que reconhece as bênçãos de Deus. Em momentos de alegria, as crenças limitantes desvanecem e somos envolvidos pela convicção de que a vida é uma dádiva divina. *"Este é o dia que o Senhor fez; regozijemo-nos e alegremo-nos nele"* (Salmos 118:24).

A alegria não é apenas uma sensação, mas um poder transformador. Quando nos permitimos vivenciá-la, cultivamos um solo fértil para a abundância florescer. A gratidão, sua irmã de coração, desmantela as barreiras da escassez, abrindo espaço para a plenitude e para a consciência do quanto somos verdadeiramente abençoados.

2. Medo: a sombra que espreita

O medo, como uma sombra persistente, muitas vezes se insinua em nossas vidas. Ele está entrelaçado com crenças limitantes, sussurrando dúvidas sobre o futuro e nos fazendo questionar nossa capacidade. No entanto, a luz da fé dissipa essa sombra, lembrando que não estamos sozinhos. *"Não temas, porque eu sou contigo; não te assombres, porque eu sou o teu Deus; eu te fortaleço, e te ajudo, e te sustento com a minha destra fiel"* (Isaías 41:10).

Por vezes, o medo tece uma teia de dúvidas em torno do nosso coração. A inteligência emocional nos convida a encarar esses medos, a compreender as crenças que carregamos conosco. Ao entendermos que o medo é uma sombra temporária, podemos desativar suas amarras e nos lançar na fé, confiando que somos guiados por mãos mais sábias.

3. Raiva: um fogo que pode consumir ou purificar

A raiva, como um fogo ardente, pode consumir ou purificar. Quando não compreendida, alimenta crenças limitantes e nos distancia dos propósitos divinos. Contudo, se direcionada com sabedoria e amor, pode ser uma força transformadora, limpando o caminho para a graça e a reconciliação. *"Irai-vos e não pequeis; não se ponha o sol sobre a vossa ira"* (Efésios 4:26).

Como uma onda tumultuada, a raiva pode nos levar para longe da costa da abundância se não soubermos como navegar suas águas. A inteligência emocional nos instiga a não sufocá-la, mas a direcioná-la com sabedoria. Ao compreendermos que a raiva pode ser uma força purificadora, transformamos seu poder em uma ferramenta para limpar o caminho, abrindo espaço para uma mentalidade mais saudável.

4. Tristeza: uma canção melancólica

A tristeza, como uma suave canção melancólica, ecoa em nossas almas nos momentos de perda e dor. Pode ser fácil permitir que ela crie raízes e alimente crenças limitantes sobre o valor de nossas vidas. No entanto, as Escrituras nos lembram que há um tempo para tudo, inclusive para cura e consolo. *"Bem-aventurados os que choram, porque serão consolados"* (Mateus 5:4).

Muitas vezes evitada, a tristeza é uma peça crucial no quebra-cabeça emocional. A sabedoria nos ensina a vê-la como uma ponte, não para a escassez, mas para a aceitação e transformação. Em meio às lágrimas, encontramos a capacidade de cura, permitindo que a tristeza seja uma aliada na nossa jornada rumo à abundância.

Essas quatro estações emocionais entrelaçam-se em nossa jornada espiritual, moldando a narrativa das crenças que carregamos. Ao compreendermos que Deus nos deu essas emoções como parte intrínseca de nossa humanidade, podemos aprender a viver em equilíbrio, permitindo que a fé ilumine cada emoção, transformando crenças limitantes em degraus para uma conexão mais profunda com o divino.

Em última análise, a inteligência emocional é a bússola que nos guia nesse vasto território de emoções. Ao decifrar o código das nossas reações emocionais, podemos remodelar os padrões mentais que moldam nossa visão de escassez e abundância. Por isso, devemos abraçar a inteligência emocional como uma ferramenta valiosa, capacitando-nos a viver uma vida plena e abundante, na qual cada emoção é honrada como parte essencial da nossa humanidade e que nos conecta em profundidade com nosso Criador, uma vez que as emoções foram instituídas por Ele em nossas vidas.

1º PRINCÍPIO: CRIAÇÃO

"Tudo em sua vida começa por um pensamento, e a forma como você constrói esse pensamento definirá sua vida e seu futuro". Eu não sei quão familiarizado você é com a Bíblia, mas me permita contextualizar. Por aqui, você verá muitas citações, pois, para mim, é um livro de ouro, um manual para a vida e uma fonte inesgotável de sabedoria. Todos os princípios relatados aqui estão conectados a ensinamentos milenares. Não foram coisas que descobri sozinha. Apenas me conectei à fonte e entendi uma forma de viver tudo isso em minha vida. E esse primeiro princípio está baseado na FÉ.

"Ora, a fé é a certeza de coisas que se esperam, a convicção de fatos que não veem" (Hebreus 11:1). O que esse trecho quer dizer? Que tudo em nossas vidas nasce a partir da fé. Quando vamos iniciar algo, projetamos aquilo que sequer temos ideia se dará certo ou não, se alcançaremos

o resultado ou não, mas a maneira como você cria isso em sua mente determinará se essa semente florescerá ou morrerá antes mesmo de nascer.

Quando dizemos que tudo em nossas vidas nasce pelo pensamento, imagine um artista, um pintor, um escultor. Você compreende que, antes dele dar vida à sua arte, criou-a em sua mente? É assim que acontece conosco. O ato de sonharmos acordados contém esse princípio de primeiro construir em nossas mentes uma projeção sobre nosso futuro. Uma informação relevante que você precisa levar em consideração é a de que essa máxima acontece tanto para o lado positivo quanto para o negativo. Daí a importância de vigiar constantemente seus pensamentos.

Por muito tempo, meus pensamentos foram extremamente limitados. Eu não acreditava que merecia ou que seria capaz de viver e alcançar certas realizações. Quando digo que o padrão familiar importa, é porque tudo o que você viveu em sua infância e com sua família terá papel fundamental no momento de criar incríveis possibilidades.

Se passou a infância toda ouvindo de seus pais que não podia fazer algo, que não seria possível, que não era bom o suficiente ou, ainda, que não tinha condições para isso ou para aquilo, você aprendeu a pensar de forma limitante; por isso, diante de diversas possibilidades, a sua mente diz "não!". Assim, pensar em criação está associado à fé.

Uma coisa que sempre ouvi do meu líder espiritual, Glaucio Coraiola, é o quanto ele admira a fé de um empresário. Sim, você sabia que, para um empresário prosperar, precisa de fé? Como pode uma pessoa montar uma empresa se ela não acredita que aquilo vai dar certo?

Mas vejo a fé em outras questões também. Os noivos no altar, diante do celebrante, de seus padrinhos e convidados, estão ali por fé, afinal acreditam que estão se casando para construírem juntos uma família, uma vida em comum. Este é um princípio fundamental: criar em sua mente pensamentos positivos e promissores e agir em fé, ou seja, agir com convicção de que aquilo que está sendo construído dará certo.

E não pense que isso é exclusivo para grandes projetos: uma empresa, um casamento etc. A lei da criação está presente no seu dia a dia, em cada mínimo detalhe que possa pensar. Desde a maneira como intenciona seu dia, até a vaga de estacionamento que tem certeza que estará reservada no seu destino.

Eu brinco com isso, mas essa é a minha realidade. Conto a meus mentorados que não gosto de caminhar longas distâncias em estacionamentos de shopping, por exemplo. Acho um desperdício de tempo e energia. Então, sempre mentalizo minha vaga especial, e sabe o que acontece? Ela sempre estará lá me aguardando. *"Ora, a fé é a certeza de coisas que se esperam, a convicção de fatos que se não veem"* (Hebreus 11:1). Não vemos com os olhos físicos, no entanto, em nossa mente e em nossas emoções criamos essa realidade. É sobre a forma como tem criado sua vida que você precisa refletir.

Não avance para o próximo princípio sem antes fazer esta reflexão. Se puder, dê uma nota para a qualidade dos seus pensamentos.

Todos os dias, quando se levanta, ao encarar os desafios de trabalho e as situações confrontantes em sua vida, qual tem sido sua forma de pensar? Tem pensado de forma positiva, crendo apesar de qualquer circunstância? Ou começa bem, mas ao longo do dia, diante das adversidades, percebe sua mente sendo contaminada, como se precisasse fazer uma verdadeira faxina mental para se livrar de pensamentos limitantes e de crenças que construiu ao longo da vida, assumindo um compromisso consigo mesmo de não perpetuar a escassez em sua vida e na vida das pessoas próximas a você?

Se sua nota foi abaixo de cinco, não lamente. Pelo contrário, agradeça o fato de estar aqui, diante dessa incrível oportunidade de lançar luz sobre seus pensamentos e entender de uma vez por todas que você pode ser aquilo que quiser. Para isso, terá que trabalhar firme a partir de hoje para construir uma nova realidade para si.

Diga comigo agora:

Eu posso ser exatamente quem nasci para ser, e nada além de mim mesmo tem o poder para me deter. Eu decido, a partir de hoje, ser cocriador da minha realidade. Eu declaro que Deus me criou para ser próspero e abundante, e me comprometo a honrá-Lo.

Aplicação prática

Prática de anotações e discernimento espiritual

- Reserve um tempo para anotar ideias e projetos que surjam em sua mente. Observe os sentimentos que essas ideias despertam inicialmente.
- Ao perceber sentimentos negativos, como medo ou dúvida em relação a algum projeto, ore a Deus pedindo discernimento. Peça para que Ele revele se esses sentimentos são naturais ou se há uma mensagem específica que Ele deseja comunicar. Ore também para que Deus transforme qualquer sentimento de fracasso em confiança e força, fortalecendo sua fé e seu direcionamento.

Visualização e afirmações positivas

- Pratique a visualização positiva e afirmações sobre quem você foi criado para ser.
- Reserve alguns minutos diariamente para visualizar-se alcançando seus objetivos e vivendo em prosperidade e abundância. Use afirmações como: "Eu sou um cocriador da minha realidade. Deus me criou para ser próspero e abundante. Estou honrando a Deus ao seguir o caminho que Ele planejou para mim". Isso ajudará a fortalecer sua mentalidade positiva e a manter o foco no plano divino para sua vida.

Estudo da Palavra e aplicação prática

- Dedique tempo à leitura e ao estudo da Palavra de Deus para compreender planos e promessas d'Ele para sua vida.
- Estude passagens bíblicas que falam sobre prosperidade, abundância e o propósito de Deus. Medite nessas verdades e aplique-as em sua vida diária. Ao internalizar esses princípios, você fortalece sua fé e confiança na orientação divina, permitindo que se torne quem Deus o criou para ser.

"Eu é que sei que pensamentos tenho a vosso respeito, diz o Senhor; pensamentos de paz e não de mal, para vos dar o fim que desejais" (Jeremias 29:11). Essas ações práticas ajudarão você a integrar fé com suas aspirações pessoais, permitindo que cocrie uma realidade de prosperidade e abundância alinhada com os planos de Deus para sua vida.

2º PRINCÍPIO: VIBRAÇÃO

Se tudo em nossas vidas começa pelo pensamento, é justamente aquilo que vem em sequência que contribuirá de forma significativa para que o pensamento se transforme em algo palpável, ou seja, o que você sente se comunica diretamente com suas atitudes. Como vibra acerca de algo vai determinar suas ações. **"Você recebe aquilo no que mais pensa, quer você queira ou não. Onde sua mente concentra energia é aquilo que você atrai".**

Veja que interessante. Você já deve ter ouvido sobre o poder do foco. Expressões como "tudo o que você foca se expande" não são apenas frases para serem repetidas, mas sim conceitos verdadeiros, os quais precisam estar presentes para você perceber que aquilo que ocupa sua mente e seu coração contribuirá e influenciará suas atitudes e ações.

Isso porque, neurocientificamente falando, nosso corpo precisa entrar em congruência com a nossa mente. Você possivelmente nunca viu uma pessoa que acabou de receber uma notícia ruim ficar pulando de alegria, falando alto como se tivesse conquistado algo importante. E o contrário também. Quando estamos alegres, nosso corpo manifesta isso: com nossos braços abertos, peito estufado; a voz fica mais audível e até mesmo falamos mais rápido. Isso é congruência, um alinhamento natural entre o que pensamos, sentimos e como nos expressamos.

Assim sendo, o segundo princípio é algo que precisamos observar em nosso dia a dia. A maneira como agimos ou reagimos diante da vida determinará essa vibração. Manter-se confiante mesmo quando algumas coisas não acontecem da forma esperada. Conectar-se sempre com um sentimento positivo. Não deixar o medo, a raiva ou a angústia tomarem conta é fundamental nesse processo.

Fazendo um paralelo: quando digo não deixar o medo, a raiva ou a tristeza tomarem conta, quero ressaltar que essas emoções fazem parte da nossa vida. No treinamento **Vida Inabalável**, existe um módulo exclusivo em que nos aprofundamos sobre as emoções. Sentir as emoções e acolhê-las é fundamental. O que estou afirmando aqui é que não podemos nos deixar levar por elas. E diante de algumas situações, é isso que vejo presente na vida de muitas pessoas.

Devido a situações na infância – algumas já relatei aqui – tornei-me uma adulta extremamente controladora e perfeccionista. O que ninguém conta é que o controle é uma das maiores mentiras que existe em nossas vidas. Acreditar que podemos controlar as coisas ou pessoas nos torna altamente escassos. É o medo que desenvolve esse mecanismo em nós.

Por ser controladora, minha vibração sempre tendia para o negativo, uma vez que me mantinha em constante alerta para que as coisas "não dessem errado". E aqui está uma grande mudança de chave que aconteceu comigo e quero dividir com você, que talvez esteja sofrendo com isso hoje.

Quando vibrava no medo e na escassez, minha mente estava condicionada ao negativo:

- Não posso errar.
- Não posso falhar.
- Nada pode dar errado.
- Não posso ficar sem dinheiro.
- Não posso descansar.
- Não posso me distrair.

Você observou quantos *nãos* estavam presentes na minha mente, nos meus pensamentos e, por consequência, nas minhas ações?

O grande segredo para você manter esse princípio em dia na sua vida é deixar de focar no negativo para focar no positivo, e isso não faz de você uma pessoa desleixada ou irresponsável; pelo contrário, cria em você um espírito forte, que não se abate com as adversidades da vida. Então, comecei a declarar sobre mim mesma e sobre as situações ao meu redor certeza, convicção e positividade. Isso gerou em mim alegria e esperança.

- **Eu posso errar, mas escolho acertar.**
- **Eu posso falhar, mas escolho fazer correto na primeira vez.**
- **Mesmo que algo dê errado, tenho a oportunidade de aprender.**
- **Eu sou abundante, atraio o dinheiro para mim.**
- **Eu posso descansar, porque sou abundante.**
- **Eu me mantenho focada naquilo que realmente importa para a minha vida.**

Experimente ler as primeiras frases, que contêm os *nãos*, e depois leia as outras. Acredito que você, assim como eu, perceberá o quanto a sintonia do seu corpo e sua vibração mudam significativamente.

Nas primeiras frases, existe um peso, um sentimento de culpa, de cobrança constante. Mesmo que você faça tudo certo, ainda assim se sentirá devedor em relação à vida. Já nas frases com a vibração correta, perceberá que a atmosfera muda, fica mais leve, você se sente mais disposto a realmente agir, e faz isso com mais convicção.

Dei alguns exemplos de como seus pensamentos determinam suas ações e, consequentemente, seus resultados. Agora é a sua vez.

Aplicação prática

Identificação dos pensamentos limitantes

- Liste os pensamentos que têm limitado suas decisões e influenciado comportamentos de escassez. Reconhecer esses padrões é o primeiro passo para a mudança.

Transformação em afirmações positivas

- Reflita sobre esses pensamentos e transforme-os em afirmações positivas e poderosas. Isso inclui substituir ideias negativas por declarações que promovam confiança e propósito.

Compromisso com a prática diária

- Leia as novas afirmações positivas todos os dias, de manhã e à noite, por pelo menos 30 dias. Isso ajudará a alinhar sua mente com as metas e a fortalecer sua fé na mudança positiva. *"Tudo posso naquele que me fortalece."* (Filipenses 4:13)

3º PRINCÍPIO: CAUSA E EFEITO

Este princípio é bem polêmico dentro dos meus grupos de mentorias, ainda mais quando levamos em consideração o fato de estarmos em um mundo onde somos medidos por nossos resultados. No entanto, o que quero aqui é fazê-lo se libertar do conceito de sucesso *versus* fracasso, resultados positivos *versus* resultados negativos. Não quer dizer que alcançar seus objetivos não seja importante. Não seria leviana em dizer isso. Estou aqui para ajudá-lo a acessar a abundância.

Você apenas precisa compreender que uma das coisas essenciais para viver uma vida inabalável é o conceito de "dar certo" ou "dar errado", de acordo com o que as pessoas dizem a você. Então, vamos analisar o terceiro princípio.

"Tudo o que você experimenta em sua vida é um resultado, e não se resume exclusivamente a vitórias ou fracassos". Nesse princípio, adoro ver como Jesus e os heróis da fé têm muito a contribuir conosco. É uma forma especial de pensar e de encarar as dificuldades e adversidades que todos nós enfrentaremos ao longo da vida.

Veja o convite de Tiago 1: 2-4: "*Meus irmãos, tende por motivo de toda alegria o passardes por várias provações, sabendo que a provação da vossa fé, uma vez confirmada, produz perseverança. Ora, a perseverança deve ter ação completa, para que sejais perfeitos e íntegros, em nada deficientes*". Que baita aula de inteligência emocional Tiago nos dá nessa pequena passagem! É sobre isso que se trata o terceiro princípio.

Infelizmente, crescemos em um ambiente de competitividade, no qual somos classificados como ganhadores ou perdedores. Em qualquer jogo, é assim que acontece. Imagine jogadores de futebol, que se preparam por anos para uma Copa do Mundo. Estar ali já é motivo de grande alegria, mas isso não é suficiente. São levados a uma competição na qual somente um time é considerado campeão, apenas um único time recebe o troféu.

Não estou dizendo que sou contra competições, mas o que vejo normalmente são pessoas que perderam algumas competições na vida deixarem essa dor alterar sua verdadeira identidade ou, ainda, ditar quem são. Se eu ganho da vida, sou um vencedor. Se eu perco, sou um fracassado.

A vida é um processo cíclico. Quando passamos a ter essa compreensão, percebemos que "ganhar" nem sempre é ter ganho. É incrível o quanto a dor, a frustração e até mesmo a perda podem ser incríveis professoras em nossa jornada, se dermos essa possibilidade.

Eu sou uma pessoa muito competitiva por natureza. Meus amigos brincam que é impossível jogar UNO™ (jogo de cartas) comigo justamente por isso. Sou daquelas que compete consigo mesma. E isso me trouxe diversas realizações, mas inúmeros problemas também.

Por ser competidora, "aprendi" a me julgar de acordo com meus resultados, meus níveis de conquista. Tornei-me uma pessoa dura, inflexível e exigente comigo mesma e com outras pessoas. Minhas filhas e meu marido foram muito prejudicados por esse comportamento. Esse é um modo difícil de viver, extremamente escasso, percebe? Uma vez que só atribuía valor a mim mesma e às pessoas se os resultados fossem positivos.

Cada vez que algo saía do controle ou dava "errado", eu me afundava em uma onda de fracasso, me sentindo não merecedora; o que ativou outras convicções. Passei a me comparar exaustivamente com outras pessoas, e até mesmo a invejar pessoas que já haviam alcançado o sucesso que tanto almejavam.

Expor-me dessa forma é algo ainda desafiador, mas posso afirmar que só é possível porque compreendi que esses comportamentos me mantinham aprisionada, e isso me conectava profundamente a uma escassez de alma e de sentimentos. Eu precisei confessar e me arrepender dessas atitudes, além de tomar a decisão de não julgar mais a mim mesma e as outras pessoas por aquilo que haviam conquistado ou perdido, mas sim admirá-las pela maneira como lidam com a vida, com os desafios e como decidem vencer cada um dos obstáculos que nos são colocados à frente.

O princípio da causa e efeito é determinante para que acesse esse ambiente de abundância e plenitude que está reservado para você. Então, convido-o para seguir confrontando suas atitudes frente à vida, em especial frente àquilo que aparentemente deu errado na sua forma de enxergar. Como você costuma reagir quando algo não dá certo? Quais são os comportamentos que se seguem diante de um fracasso, de uma derrota?

No entanto, ser escasso não se trata apenas da forma como lidamos com as coisas ruins. Um dos maiores choques que tive nesse processo foi perceber a profundidade da escassez quando entendi que não era capaz de comemorar e usufruir das minhas "vitórias" e conquistas.

Ao deixarmos de comemorar e de celebrar as coisas boas que nos acontecem, mesmo aquelas consideradas mais simples, como um café no meio da tarde, estamos fortalecendo um padrão de falta de merecimento, reforçando para nós mesmos que não podemos parar ou perder tempo para comemorar, que isso nos torna frágeis ou vulneráveis e que nosso foco precisa estar em continuar fazendo, avançando e conquistando.

Quando foi a última vez que você agradeceu por algo simples em sua vida? Quando celebrou de verdade algum objetivo ou meta que trabalhou para alcançar? Como se

comporta nas suas conquistas? Isso diz mais sobre você do que seus percalços.

Aplicação prática

Afirmação da identidade em Cristo

- Repita para si mesmo: "Eu não sou minhas conquistas, nem meus resultados. Eu sou o que sou." Lembre-se de que sua identidade está fundamentada em quem Deus diz que você é, não nas circunstâncias ou realizações. *"Disse Deus a Moisés: EU SOU O QUE SOU. Disse mais: Assim dirás aos filhos de Israel: EU SOU me enviou a vós outros."* (Êxodo 3:14)

Essa passagem enfatiza o ser essencial de Deus e como Ele é a fonte da nossa existência e identidade, e nos lembra que nossa verdadeira essência está em sermos quem Deus nos criou para ser, independentemente das circunstâncias externas.

4º PRINCÍPIO: EQUILÍBRIO

A verdadeira abundância é darmos com generosidade, ao passo que somos excelentes na hora de receber. Esse princípio fala de uma das leis sistêmicas que leva o mesmo nome: a lei do dar e receber, que tem por objetivo trazer equilíbrio às relações existentes. Eu considero como uma das mais importantes dentro de um casamento, e é bem polêmica a forma como Bert Hellinger demonstra o que o desequilíbrio pode causar em uma relação.

Para os cristãos, é outra lei conflitante, pois muitos se baseiam em uma passagem que Paulo fala, em Atos, que "melhor é dar que receber" e, assim, justificam seu "muito dar". Venha comigo porque aqui temos um paradigma que precisa ser vencido; do contrário, não conseguiremos viver essa lei.

É claro que existe beleza no dar, e é preciso lembrar que essa doação é algo que precisa ser feita livremente. Não pode haver pressão ou intenção de se fazer uma barganha: "Te dou isso para levar aquilo". A vida é mais que isso. E vivemos, principalmente nos relacionamentos, essa balança que precisa ser equilibrada para que seja abundante.

Há beleza e nobreza em se doar. No entanto, é preciso estar pronto para receber e, muitas vezes, é nesse sentido que temos dificuldades, seja por crença, seja por orgulho. Em ambos os casos, isso nos impede de viver a verdadeira plenitude, e pior, ficamos com um sentimento de que as pessoas estão sempre nos devendo algo.

Vejamos: se me doo muito em uma relação e não tenho essa contrapartida (muitas vezes, não deixamos as pessoas se expressarem ou nos ajudarem), passo a ficar com um sentimento de escassez. Sinto-me não valorizado, não merecedor ou bom demais para estar com a outra pessoa que está "sempre me devendo".

Esse comportamento não é algo fácil de lidar, uma vez que precisa haver uma disposição para acessar esse nível de consciência e reconhecer que, por vezes, somos nós mesmos que afastamos as pessoas e as impedimos de se expressarem e equilibrarem essa balança. O orgulho acaba por gerar em nós um espírito de independência que nos coloca cada vez mais acima dos outros, dificultando ainda mais essa conexão, essa troca.

Mas entenda: isso não se refere apenas ao aspecto de relacionamento. Quantas pessoas têm dificuldade em receber um elogio no trabalho ou qualquer tipo de reconhecimento e se preocupam que isso possa ser falso ou que venha cheio de interesses implícitos?

Outro ponto desse princípio que mantém as pessoas presas à escassez é a dificuldade de receber e de lidar com o dinheiro. Como estou no mundo do desenvolvimento humano, costumo observar que essa é uma dor presente nos profissionais que trabalham com o intuito de ajudar outras pessoas: profissionais da saúde, terapeutas, coaches, consultores, mentores, dentre outros. Por acreditarem que aquilo que fazem está atrelado a um dom, o de justamente ajudar, acabam por acreditar que não podem cobrar por seus serviços ou que seus serviços não devem ser caros.

Isso não se resume a esse mercado, outros profissionais acabam por igualmente construírem essa crença de não merecimento e, a partir disso, gera-se uma desigualdade na balança. A parte que está conectada a elogios, amor e relacionamentos nunca foi um desafio para mim. Pelo contrário, sou uma pessoa que se entrega profundamente às relações que vive, e não tenho dificuldade tanto no dar quanto no receber; no entanto, as questões financeiras sempre foram um tabu.

Eu vivi muitas dificuldades e me coloquei em situações até mesmo delicadas por não me achar merecedora, por acreditar que, como filha de Deus, Ele me supriria em tudo, então eu não precisava "depender" de homens. E como isso me fez mal! Levei muito tempo para reconhecer a importância e o diferencial do meu trabalho, compreender que não existe nenhum mal ou qualquer tipo de pecado em nos tornarmos profissionais bem remunerados.

Foi necessário reconhecer que esse tipo de pensamento era presente em minha vida, e ouvir de mentores e pessoas próximas que não havia qualquer problema em cobrar pelos meus serviços; que era chegada a hora de receber de volta todo investimento e dedicação na minha carreira.

Se por um lado a Bíblia fala que melhor é dar do que receber, por outro, mostra a importância do pedir e do receber, e é essa reflexão que você precisa fazer hoje. O que tem deixado de receber em sua vida? Seja por orgulho, seja por não se sentir merecedor; você precisa romper com esse padrão de comportamento para ser capaz de acessar a abundância e construir uma vida inabalável.

Você percebe isso presente em sua vida, independentemente da área? Tem noção de que sua balança está desequilibrada? Talvez hoje você sinta que está recebendo mais do que se doando. Isso pode, sim, estar acontecendo, e é preciso coragem para romper esse ciclo.

Talvez sua situação seja inversa, mais parecida com o que a minha costumava ser. Você se doa para as pessoas, para os relacionamentos, em seu trabalho, ajudando todos que pode, e não sente essa contrapartida da vida.

Pois bem, precisará reconhecer que necessita das pessoas. Precisa de amor, carinho e reconhecimento. Precisa se sentir valorizado e reconhecido por aquilo que faz e estar aberto para obter isso, inclusive de forma financeira.

Diga comigo:

Eu me abro para receber de Deus, do universo e das pessoas tudo aquilo que é meu, que me pertence. Eu me abro para equilibrar a balança do dar e do receber. Me doarei com generosidade ao passo que receberei com excelência.

Aplicação prática

Ação proativa

- Em vez de esperar passivamente, tome a iniciativa. Ligue para um amigo, seu chefe ou alguém conhecido e solicite um feedback positivo sobre seu trabalho ou contribuições. Isso não só fortalece suas relações, mas também ajuda a reconhecer seu valor.

Valorização do próprio trabalho

- Ao apresentar seus honorários ou negociar valores por seus serviços, lembre-se do impacto positivo que traz para os outros. Reconheça que merece ser compensado justamente pelo seu esforço, dedicação e contribuição para o bem-estar e o sucesso dos outros.

Confiança na providência e ação

- Confie que Deus capacita você a agir e a buscar o que é justo e necessário. Ele é aquele que provê as oportunidades e habilidades para alcançar seus objetivos. *"Confia ao Senhor as tuas obras, e os teus desígnios serão estabelecidos"* (Provérbios 16:3). Lembre-se da importância de colocar seus esforços e planos diante de Deus, confiando que Ele guiará seus passos para o sucesso.

5º PRINCÍPIO: ORDEM (SER, FAZER E TER)

A verdadeira ordem da vida consiste em "Ser, Fazer e Ter". Chego aqui vivendo um grande desafio profissional em uma das minhas empresas. É extraordinário perceber que a todo tempo somos convidados para revisitar esses princípios, uma vez que viver em abundância é uma escolha diária.

Todas as vezes que sofremos um "revés" em nossas vidas, uma reviravolta, infelizmente nossa primeira atitude é a de questionar a nós mesmos. Achamo-nos fracassados, incapazes, não merecedores. É especialmente sobre isso que esse preceito trabalha. É preciso estabelecer a ordem correta em nossas vidas para que possamos viver em abundância, afinal, o quem **somos** é o que determina nosso real resultado. Então, venha comigo, porque temos muitas coisas para explorar.

Nossa sociedade é extremamente pautada por resultados. E como podemos medir o quanto somos bons? A partir daquilo que fazemos e, consequentemente, do que temos/obtemos. As pessoas são analisadas e julgadas dessa forma. Sendo assim, crescemos com um estímulo muito grande pautado no fazer. Acreditamos que, quanto mais fizermos, mais resultados geraremos e só a partir dos resultados que obtemos, das conquistas, nos tornamos alguém.

Mas aqui está a grande falácia em que todos nós acreditamos: não é aquilo que tenho que determina quem eu sou, mas quem sou determinará o que tenho. Flavia, tem certeza disso? Pois então... esse é o princípio mais desafiador, porque crescemos acreditando no inverso dele. E, assim como para você, comigo não foi diferente.

Por muitos anos, essa foi a maior "briga" da minha vida. Cresci acreditando que precisava ter e conquistar para que pudesse ser reconhecida pelas pessoas e pela sociedade. Veja minha situação: uma criança que cresceu em uma fazenda, filha de pais simples (minha mãe era professora, meu pai, mecânico de máquinas). Aos sete anos, nos mudamos para a "cidade" e tive que lidar com algumas questões que parecem irrelevantes, mas que para crianças são muito importantes. Eu era a mais baixinha e a mais gordinha da minha turma. Logo, me tornei facilmente um referencial negativo. Para balancear isso, aprendi que sendo boa aluna arrancaria alguns elogios de professores, o que naquele momento era uma expressão de amor. Eu me sentia amada por aquilo que eu **fazia**, não pelo que eu **era**, já que eu era apenas uma menina baixinha e gordinha.

Isso permaneceu ao longo dos anos. Continuei sendo a mais baixinha da turma, e me via como a mais gordinha (não sei se realmente eu era). Mas aprendi que o fazer muito e fazer com excelência me destacavam das outras pessoas de forma positiva. Entendi que essa era a forma pela qual eu seria reconhecida.

E qual o problema disso? É que esse monstro jamais estaria satisfeito. A distorção da nossa autoimagem nos faz seguir uma busca incessante de amor externo, reconhecimento e merecimento. Quando isso não chega, de alguma forma nos sentimos incapazes, não merecedores, para não dizer um "lixo".

Existem mecanismos de defesa sabotadores que se desenvolvem ao longo de nossas vidas que nos fazem ter a certeza de que só aquilo que temos é o que nos faz ter verdadeiro valor e que, quando por algum motivo deixarmos de ter, perdemos todo o nosso valor; inclusive, o amor e o respeito das pessoas. Como lidar com isso? Só existe um caminho: restaurar nossa verdadeira identidade.

Em um determinado momento da minha vida, fui impactada por uma passagem bíblica que mostra todo o amor, respeito e admiração de Deus por seu filho Jesus, antes mesmo dele iniciar seu ministério terreno. Ou seja, antes de Jesus realizar um único milagre, Deus expressou de maneira profunda seu amor por ele: *"E eis uma voz dos céus, que dizia: Este é o meu Filho amado, em quem me comprazo"* (Mateus 3:17).

Meu desejo é que você compreenda a profundidade dessa passagem e seja impactado por ela, assim como fui. Quando

Deus fala isso, Jesus ainda não havia começado em sua jornada ministerial. Ele tinha acabado de ser batizado e só um tempo depois é que iniciaria seu ministério. Então, por que isso foi tão importante para mim? Porque simplesmente foi reconfortante entender que Deus nos ama de maneira incondicional, por quem somos e jamais por aquilo que fazemos ou temos. O mundo pode te amar por isso, te valorizar segundo suas conquistas ou suas riquezas, mas Deus nos ama de maneira integral, pela nossa identidade.

Quando se tem essa compreensão, abre-se um caminho para viver a partir da própria essência, não há mais a necessidade de provar nada para ninguém, ou de conquistar simplesmente para ter que provar seu valor. E isso é libertador. Um dos pontos importantes para acessar uma vida inabalável que nos torne abundantes é não nos preocupar com a opinião alheia ou necessitar de aprovação externa para aquilo que fazemos; não depender de conquistas, bens e riquezas para ter nosso valor medido. Porém, existe ainda outra chave acerca da nossa identidade.

"Os que confiam no Senhor são como o monte Sião, que não se abala, firme para sempre" (Salmos 125:1). Ao me deparar com essa passagem, algo me chamou muito a atenção: existe quase uma receita sobre nos tornarmos inabaláveis.

A cidade de Jerusalém está sobre o monte Sião. Aliás, um dos locais sagrados para algumas religiões, dentre elas o judaísmo, pois se acredita que foi sobre esse monte que Abraão foi para sacrificar Isaque. Os dois templos também foram construídos sobre esse monte, e hoje é o lugar onde está a mesquita de Omar, com seu Domo da Rocha, um dos lugares mais turísticos de Israel.

O que talvez você não saiba é que, de acordo com alguns relatos históricos, Jerusalém foi destruída mais de 12 vezes. Foi palco de muitas guerras, invasões, perseguições e, ainda assim, o monte Sião permaneceu inabalável. E assim o Senhor deseja fazer conosco. Há uma promessa nesse salmo.

Agora, uma das coisas que mais me saltou aos olhos foi entender que nossa identidade é reforçada nessa passagem. Deus diz que **somos** quando confiamos n'Ele. Quando a nossa confiança está em Deus, **somos** como o monte Sião, ou seja, somos inabaláveis. E Ele ainda nos faz uma promessa: a de que permaneceremos para sempre.

A permanência pode ser compreendida por constância ou persistência. Quando confiamos em Deus, somos constantes. Não somos mais levados daqui para lá, como folhas ao vento. Pelo contrário, nos tornamos firmes dentro do propósito que o Pai tem para cada um de nós, e isso é o verdadeiro SER.

SER, FAZER e TER

Essa é a ordem correta da vida, e quem aprende a trabalhar nessa equação passa a viver de maneira mais leve, plena. Eu mesma digo isso por ser prova viva.

Aplicação prática

Tempo de reflexão e oração

- Reserve um tempo sozinho com Deus para refletir sobre como Ele te criou e sobre o propósito que Ele tem para sua vida. Pergunte a Ele sobre as características positivas da sua personalidade e como elas se encaixam no plano divino para você.

Gratidão e preparação espiritual

- Agradeça a Deus porque Ele te criou e se prepare espiritualmente para iniciar sua jornada em direção a seus sonhos e projetos. Reconheça que Ele te equipou com as habilidades e características necessárias para cumprir o plano d'Ele para sua vida.

Registro e reforço da identidade

- Anote todas as revelações e promessas recebidas durante esse tempo com Deus em um lugar acessível. Use essas anotações para fortalecer sua identidade sempre que surgirem dúvidas sobre suas capacidades ou seu propósito.

"Os que confiam no Senhor são como o monte Sião, que não se abala, firme para sempre" (Salmos 125:1). Assim como o monte Sião, que é inabalável, aqueles que con-

fiam no Senhor podem enfrentar os desafios com confiança e determinação, sabendo que estão firmados no propósito e na promessa de Deus para suas vidas.

6º PRINCÍPIO: LEI DA AÇÃO

Essa lei prevê que, como você faz uma coisa, faz todas as outras. Sempre começo essa reflexão perguntando a meus mentorados: "Como está sua gaveta de calcinhas ou de cuecas?". Essa pergunta pode parecer invasiva, mas seu propósito é provocar uma reflexão sobre os detalhes que compõem nossa vida diária. Da organização das pequenas coisas à maneira como tratamos nosso espaço pessoal, cada aspecto reflete quem somos no interior, mesmo que não seja visível aos olhos dos outros.

Você pode ainda se perguntar: como está meu guarda-roupa, a despensa da minha cozinha ou minha mesa de trabalho? Esses lugares, muitas vezes negligenciados, revelam muito sobre nossos hábitos, prioridades e cuidado com o que nos foi confiado. O modo como organizamos esses espaços não apenas reflete nossa personalidade, mas também influencia nossa eficiência e paz interior.

Pode parecer um excesso de intimidade, e é exatamente esse o objetivo. Ao olharmos para os detalhes que parecem insignificantes de nossa vida cotidiana, começamos a reconhecer padrões e áreas que precisam de atenção. A bagunça mental, sentimental e espiritual muitas vezes se manifesta pela desordem física. Entender isso nos coloca diante de uma escolha: ignorar esses sinais ou usá-los como oportunidade para crescimento pessoal e espiritual.

Compreender a profundidade do princípio que conecta todas as nossas ações nos desafia a cultivar uma vida de integridade e excelência em todos os aspectos. Quando começamos a questionar até mesmo a organização das pequenas coisas, como a gaveta de calcinhas ou cuecas, estamos reconhecendo que o cuidado com os detalhes reflete nosso compromisso com a ordem e a responsabilidade diante de Deus e dos outros.

Cada pequeno ato de organização e cuidado contribui para uma vida de influência positiva e eficácia. Ao examinarmos nosso guarda-roupa, a despensa da cozinha ou nossa mesa de trabalho, não estamos apenas avaliando a ordem física, mas também a nossa capacidade de administrar recursos e de manter a disciplina. Esses espaços revelam muito sobre nossa diligência e cuidado com os bens que nos foram confiados por Deus.

A maneira como tratamos o que é visível apenas para nós mesmos muitas vezes reflete nossa fidelidade em áreas maiores da vida. Talvez, nesse momento, seja mais desafiador para você organizar as coisas de dentro para fora. Então, quem sabe possa começar de fora para dentro? Sim, isso é possível.

Eu costumo fazer uma grande faxina em minha casa todo começo de ano, como um ato profético, abrindo-me ao novo ciclo, tirando coisas que não uso, estão quebradas ou já não fazem mais sentido para que, dessa forma, eu abra espaço para o novo de Deus. Essa ação gera muitos resultados, na medida em que sua mente passa a entender que está vivendo um tempo novo. Não se trata apenas de viver coisas novas, e sim de sermos excelentes em tudo o que fizermos.

Um dos princípios dos judeus que sempre me chamou muito a atenção e me fez compreender por que eles são um dos povos mais prósperos da Terra é o fato de que tudo o que fazem o fazem para Deus. O trabalho, os negócios, a relação com a família têm como principal objetivo glorificar o nome de Deus; e isso é maravilhoso.

Quando você passa a ter esse entendimento, compreende que não importa em qual empresa você trabalha, a posição que ocupa ou se é reconhecido. Tudo é para Deus. Quando nos comportamos dessa forma, Ele nos honrará.

Dentro do nosso ministério, a Cia de Daniel, esse é um dos pontos relevantes trabalhados com nossos discípulos. Todas as vezes que você reclama ou murmura pelo que tem que fazer ou pela forma como as coisas estão acontecendo, é como se dissesse que Deus está errado. Quando age dessa forma, impossibilita que as bênçãos que Ele tem reservado para sua vida possam vir por meio das ações que está realizando hoje.

Não se trata apenas de trabalho. Isso também envolve todas as outras relações que temos. Já percebeu que namorados se tratam de forma diferente dos casados? Os homens são mais gentis e as mulheres mais carinhosas. Depois, quando se casam, muitos perdem esse romance, esse cuidado. E é claro que os resultados estão diretamente relacionados às nossas ações.

A busca pela excelência em todos os aspectos da nossa vida não é apenas uma questão de aparência, mas de testemunho e serviço. Quando nos esforçamos para manter a ordem e a integridade em todos os detalhes, estamos glorificando a Deus e servindo como exemplo para os outros. Por esse motivo, é essencial continuarmos a crescer na consciência e na prática desses princípios, confiantes de que nosso testemunho cotidiano reflita nossa fé e nosso compromisso com um Deus que valoriza a ordem, a diligência e a integridade.

Meu convite hoje é: proponha-se a fazer tudo com excelência por uma semana. Exerça gratidão e presença plena em suas relações. Seja gentil, generoso e atencioso com as pessoas. Não julgue, pelo contrário, seja um facilitador de processos e observe se a sua vida não vai melhorar de forma significativa. Em vez de usar sua boca para reclamar, murmurar ou apontar erros, use para incentivar e motivar pessoas e processos.

Aplicação prática

Chegou a hora de você se comprometer a fazer com excelência tudo o que chegar em suas mãos. Lembre-se de que o propósito maior é honrar o nome de Deus. Ao fazer uma tarefa, por mais que pareça ser algo bobo ou de pouco valor, você está fazendo valer o que está em Mateus 25:21: *"Disse-lhe o senhor: Muito bem, servo bom e fiel; foste fiel no pouco, sobre o muito te colocarei; entra no gozo do teu senhor"*.

Rotina de organização diária

- Reserve um tempo diariamente para organizar um espaço específico da sua vida pessoal ou profissional, como a gaveta de roupas íntimas, guarda-roupa, despensa ou mesa de trabalho.
- Escolha um momento do dia: pela manhã, antes de iniciar suas atividades, ou à noite, antes de dormir, para dedicar alguns minutos à organização. Descarte o que não é mais necessário, arrume o que está fora do lugar e mantenha esses espaços limpos e funcionais.

Autoexame regular

- Reserve um tempo semanal ou mensal para fazer um autoexame de suas atitudes, pensamentos e hábitos.

- Escolha um dia da semana ou do mês para refletir sobre como tem administrado suas responsabilidades, interações com os outros e uso de seus recursos. Use um caderno ou diário para registrar as reflexões e identificar áreas em que pode melhorar.

Princípio da excelência em tudo

- Adote o princípio de excelência em todas as áreas da sua vida, não apenas nas visíveis aos outros, mas também nas mais íntimas e pessoais.
- Aplique o padrão de excelência ao cumprir suas responsabilidades diárias, mesmo que ninguém mais veja. Isso inclui desde a forma como realiza tarefas domésticas até como trata seus pertences pessoais. Mantenha o compromisso de honrar a Deus pela ordem e pelo cuidado em todos os aspectos da sua vida.

Essas ações práticas ajudarão a fortalecer a disciplina pessoal, cultivar a integridade e refletir a fé cristã no cuidado com os detalhes da vida cotidiana. *"Tudo quanto fizerdes, fazei-o de todo o coração, como para o Senhor e não para os homens"* (Colossenses 3:23).

7º PRINCÍPIO: LEI DO MÍNIMO ESFORÇO

Essa é uma lei que normalmente confronta a todos nós, principalmente os "novos ocidentais" que vivem sua vida para trabalhar. Esforçar-se é fonte de estresse e consome a nossa energia, o que é contraintuitivo para uma vida abundante. Bora levantar polêmicas (risos), adoro isso!

Meu líder espiritual, Glaucio Coraiola, diz que o homem não foi feito para trabalhar. Quando observamos a Bíblia, percebemos que a função inicial do homem é cuidar do jardim e se relacionar com Deus. Ele não precisava se esforçar. O jardim dava a ele absolutamente tudo, ele precisava apenas observar e acompanhar. Mas o pecado trouxe para o homem uma sentença: "*No suor do rosto comerás o teu pão, até que tornes à terra, pois dela foste formado; porque tu és pó e ao pó tornarás*" (Gênesis 3:19).

Isso nos mostra o quanto o trabalho se tornou algo desafiador para o homem, com mais esforço, uma vez que seria necessário derramar suor do rosto para que pudesse se sustentar. O que muitas vezes nos esquecemos é que Cristo nos libertou de toda condenação do pecado, e por vezes seguimos em uma luta diária, acreditando que tudo em nossas vidas precisa ser difícil para que valha a pena.

Crescemos ouvindo que:

- **O que vem fácil, vai fácil.**
- **O trabalho precisa ser duro.**
- **Não valorizamos as conquistas fáceis.**
- **Tudo que é difícil tem um gosto de conquista e vitória.**

Quantas crenças construímos acreditando que a vida precisa ser difícil para valer a pena? E pior, ainda criticamos aqueles que decidem viver uma vida mais leve, com menos cobranças.

Eu cresci nesse ambiente. Ouvindo histórias da minha família, dos meus pais que sempre tiveram uma vida difícil, com muitos desafios. Quando menos esperamos, estamos tendo os mesmos comportamentos, como se fosse uma espécie de honra, porque acreditamos que para honrarmos nossos antepassados, precisamos sofrer da mesma forma que eles.

Isso muitas vezes é motivo de cobrança familiar. Quando se tem um emprego ou negócio que demande menos esforço, sentimo-nos cobrados. O que, de forma inconsciente, nos leva a adotar padrões para provar a todos que nossa vida é tão difícil quanto a deles. Quanto engano! Tornamo-nos vítimas de crenças que nos limitam a acessar uma vida plena e abundante pelo fato das pessoas acreditarem que a vida deveria ser difícil para valer a pena.

Em uma viagem que fizemos à Itália, eu e meu esposo, João, fomos muito confrontados ao perceber o estilo de vida que os cidadãos de algumas cidades no norte do país levam. Posso dizer que sabem desfrutar da vida. A sensação é de que o tempo passa mais devagar; como se não existisse a loucura da vida moderna, as expectativas inalcançáveis, as metas extraordinárias. Eles vivem uma vida de satisfação, e estar nessa sintonia cria um ambiente de prosperidade e abundância, pois a gratidão abre espaço para novas oportunidades.

Quando compreendemos que um dos princípios de uma vida abundante e inabalável é o descanso, encaramos os desafios com mais leveza, compreendendo que fazem parte de nossas vidas, porém a maneira como os encaramos nos ajuda de forma significativa a tornar esse processo mais tranquilo.

Como você reage quando tem tempo livre? Tempo de descanso? Quando foram suas últimas férias? Qual o último final de semana que se recorda de não tocar no celular e não pensar em trabalho? A resposta a essas perguntas diz muito sobre como você tem vivido esse princípio em sua vida. E se tem negligenciado essa lei, está distante de uma vida abundante.

Ainda acerca do descanso, precisamos nos lembrar que se trata de um mandamento bíblico, que está na mesma proporção do "não matarás" e "não roubarás".

Deixar de descansar não é considerado um crime em nossa sociedade moderna, mas não deixou de ser um princípio bíblico simplesmente porque nos modernizamos. Quebrar esse princípio em sua vida pode ser uma das razões pelas quais permanece conectado em uma esfera de escassez.

Quando estudamos sobre o livro de Daniel e outros profetas, nos deparamos com o povo judeu sendo levado por Nabucodonosor para a Babilônia para lá permanecer como escravizado por 70 anos. Agora, você sabe por que Deus permitiu? Isso mesmo, Deus permitiu que o povo fosse levado porque deixou de cumprir um mandamento bíblico de *shabat* da terra.

No Antigo Testamento (em Israel, isso é respeitado até hoje), havia um mandamento que, por seis anos, os agricultores poderiam plantar e usar a terra. No sétimo ano, precisariam deixar a terra descansar e viveriam tão somente daquilo que ela gerasse de forma espontânea.

Mas eles deixaram de cumprir esse princípio por 490 anos. E você sabe por que isso acontece? Porque deixamos de confiar em Deus como nosso provedor e passamos a confiar tão somente na força do nosso trabalho; ou seja, se não trabalhar, não terei do que viver.

Quando você não descansa, quando não confia em Deus, torna-se escravo, assim como o povo judeu na Babilônia. E o que essa lei quer nos mostrar é exatamente o contrário. Quando você sabe que é um filho amado de Deus e cumpre os princípios, é Ele quem te faz prosperar, é Ele quem te faz grande e conhecido. Portanto, todo o trabalho se torna mais prazeroso, leve e assertivo.

Aplicação prática

Identificação de crenças limitantes

- Reflita sobre quais crenças têm impedido você de entrar no descanso do Senhor. Identifique pensamentos ou padrões que causam ansiedade, preocupação ou sobrecarga em sua vida.

Compromisso com uma vida equilibrada

- Comprometa-se hoje a fazer sua parte da melhor forma possível em todas as áreas da vida, mas também aprenda a descansar e confiar no fluxo natural. Reconheça a importância de manter um equilíbrio saudável entre esforço e descanso.

Celebração e gratidão

- Celebre os pequenos passos e vitórias ao longo do caminho. Cultive uma mentalidade de gratidão, reconhecendo que tudo vem a você não apenas pelo seu esforço, mas também pela graça e provisão de Deus.

"Vinde a mim, todos os que estais cansados e sobrecarregados, e eu vos aliviarei. Tomai sobre vós o meu jugo e aprendei de mim, porque sou manso e humilde de coração; e achareis descanso para a vossa alma. Porque o meu jugo é suave, e o meu fardo é leve" (Mateus 11:28-30). Jesus enfatiza o convite para encontrar descanso nele. Ele nos encoraja a confiar em Deus, aprender com Ele e encontrar paz interior, mesmo em meio aos desafios da vida. Ao adotar seu jugo suave e leve, podemos experimentar a verdadeira tranquilidade que vem do Senhor.

8º PRINCÍPIO: LEI DOS MEIOS E DOS FINS

Somente sendo feliz hoje, alcançarei a verdadeira felicidade amanhã. Aqui está um princípio que tem sido muito trabalhado dentro do processo de desenvolvimento da inteligência emocional: a importância da gratidão.

Segundo a Wikipedia: "A gratidão ou agradecimento é o ato de reconhecimento de uma pessoa por alguém que lhe prestou um benefício, um auxílio, um favor etc. Em um sentido mais amplo, pode ser explicada também como recognição abrangente pelas situações e dádivas que a vida lhe proporcionou e ainda proporciona".

A gratidão consiste em exercer, diariamente, o agradecimento pelo dia, pelas pessoas, pelas situações e pelas circunstâncias que está vivendo, independentemente de serem vistas de forma positiva ou negativa. Tudo tem um propósito, e saber reconhecer isso é um ponto fundamental para acessar uma vida abundante.

> Estudos norte-americanos da área da psicologia positiva descobriram que a expressão da gratidão gerou maiores taxas de felicidade e menos dores físicas. Outra pesquisa identificou que a gratidão afeta o córtex pré-frontal, a área do cérebro relacionada à tomada de decisões. Além disso, estudiosos perceberam que as pessoas que praticaram o exercício da gratidão tiveram benefícios em situações de estresse contínuo, como no caso de doenças crônicas.
>
> De acordo com pesquisadores da Harvard Medical School, em Boston, a gratidão ajuda a prevenir doenças físicas. Isso porque os adeptos ao hábito da gratidão apresentaram sistemas imunes mais fortes, pressão arterial reduzida e melhor qualidade do sono. Em resumo, ser grato potencializa a alegria e ajuda a diminuir a mentalidade pessimista*.

E o que isso tem a ver com uma vida inabalável? Eu tenho certeza de que, ao longo da sua vida, você já viveu experiências as quais preferiria esquecer ou apagar de suas lembranças. Mas e se, em vez desse pensamento, pudesse olhar hoje e perceber tudo aquilo de bom que aconteceu com você? Afinal, o simples fato de estarmos vivos é uma dádiva incrível que nos permite começar e recomeçar quantas vezes necessárias.

"Não andeis ansiosos de coisa alguma; em tudo, porém, sejam conhecidas, diante de Deus, as vossas petições, pela oração e pela súplica, com ações de graças. E a paz de Deus, que excede todo o

---

* COMO A GRATIDÃO impacta na saúde das pessoas? Unimed, 29 dez. 2021. Saúde em pauta. Disponível em: https://www.unimed.coop.br/viver-bem/saude-em-pauta/como-a-gratidao-impacta-na-saude-das-pessoas-. Acesso em: 15 out. 2024.

entendimento, guardará o vosso coração e a vossa mente em Cristo Jesus" (Filipenses 4:6-7). Imagine como será sua vida se, em vez de você ser consumido pelas dúvidas do futuro, passar a exercer gratidão pelo presente? Por aquilo que está acontecendo em sua vida hoje, agora? A lei dos meios e dos fins nos convida para essa prática.

A maioria das pessoas anseia por uma vida futura e, com isso, deixa de aproveitar o momento presente. Por mais simples que possa parecer, é o que você faz todos os dias que constrói uma vida de sucesso. Portanto, ser grato todos os dias pelas possibilidades que obteve é uma fonte importante de abundância.

Quantas vezes você se sentiu frustrado ou até mesmo cansado por ficar aguardando um grande acontecimento em sua vida que jamais aconteceu; ou que quando o conquistou, não conseguiu valorizar da forma como deveria?

No livro de Eclesiastes, vemos uma reflexão sobre como o homem se torna vaidoso e o quanto muitas vezes esse esforço que fazemos para conquistar algo não passa de uma simples ilusão. Por quê? Se não sabemos valorizar as pequenas conquistas em nossas vidas – os momentos mais simples –, não seremos capazes de celebrar quando os grandes chegarem. É essa reflexão que o 8° princípio nos apresenta.

Para uma vida abundante, com propósito, que se torne inabalável, você deverá fazer da gratidão um estilo de vida. E sempre se perguntar: Como posso ser grato hoje? O que do dia de hoje, se eu acordasse amanhã e não tivesse mais, me faria muita falta? Você vai se surpreender com a quantidade de coisas consideradas banais que, na verdade, são presentes em nossa vida.

Por muito tempo, caminhei sob uma onda de insatisfação constante. Eu acreditava que era natural desejar cada vez mais e ainda construí a crença de que a satisfação pode transformar alguém em uma pessoa acomodada, que se acostuma com a mediocridade. No entanto, à medida que estudava e me conectava cada vez mais com Deus, comecei a ser confrontada nesse comportamento.

Perceba algo importante: Deus nos convida para uma vida abundante e o comodismo não faz parte dessa vida. A insatisfação te torna alguém incapaz de reconhecer o favor e a manifestação dos milagres diários de Deus. Nesse comportamento, fui muito confrontada. Deus começou a me mostrar que a insatisfação me fazia questionar até mesmo algumas situações que vivi, colocando em xeque a minha identidade como filha e, ainda mais grave, despertando até mesmo um sentimento de incredulidade.

A você, que está lendo este livro agora, quero dizer algo muito importante: Deus tem desenhos para você que, aparentemente, ainda não consegue visualizar. Talvez esteja vivendo um momento em que está cheio de perguntas, dúvidas, decepções, e isso o tem impedido de enxergar o futuro promissor que Ele reservou para você. Por isso, meu convite hoje é: pare tudo o que está fazendo, feche os olhos e se conecte com esse poder da gratidão. Vou te propor um exercício como forma de colocar em prática aquilo que precisamos fazer todos os dias.

Aplicação prática

Exercício da gratidão

Escreva uma lista das três coisas pelas quais você é grato em sua vida. Reflita sobre cada uma e reconheça a importância delas em sua jornada pessoal.

____

____

____

Reflexão sobre a gratidão

Imagine como seria sua vida se amanhã acordasse e as coisas simples pelas quais não expressou gratidão não estivessem mais disponíveis. Pense nas pequenas bênçãos diárias que muitas vezes passam despercebidas, mas que são fundamentais para sua vida e seu bem-estar.

____

____

____

____

____

Lembro que a primeira vez que fiz esse exercício fui tomada por um sentimento de vergonha. Não expressava minha gratidão há muito tempo por coisas simples, porém fundamentais em minha vida: o alimento à mesa, o chuveiro quente, a cama macia, a presença das minhas filhas e dos meus pais em minha vida, o ar que respiro, o final de semana de descanso etc.

Compromisso com a gratidão diária

- Comprometa-se hoje a expressar gratidão de forma regular e consistente. Assim como você dedica tempo para planejar seus sonhos e metas, dedique-se também a cultivar uma lista de gratidão. Isso não apenas fortalece sua perspectiva positiva, mas também promove um futuro de contentamento e alegria. *"Sede agradecidos. Habite, ricamente, em vós a palavra de Cristo; instruí-vos e aconselhai-vos mutuamente em toda a sabedoria, louvando a Deus, com salmos, e hinos, e cânticos espirituais, com gratidão, em vosso coração"* (Colossenses 3:15-16).

A gratidão não é apenas uma expressão verbal, mas um estado de espírito que deve permear todas as nossas ações e interações. Ao cultivarmos um coração grato, estamos mais abertos para receber as bênçãos de Deus e compartilhar o amor e a sabedoria com aqueles ao nosso redor.

9º PRINCÍPIO: LEI DA EXPRESSÃO DOS DONS

Colocar seu **dom** a serviço de outras pessoas é uma real causa de abundância. Como vimos no 4° princípio, devemos ser generosos se quisermos que o mundo nos dê generosidade. Compartilhando o que fazemos bem, estaremos contribuindo para um bom funcionamento social.

Aqui precisamos lembrar a parábola dos talentos. Deus nos muniu de talentos para que pudéssemos cumprir nosso destino profético. Deus é um Pai coerente. Ele não vai te habilitar com dons que não serão importantes ou necessários em sua jornada. É extraordinário ver o ensinamento que tal parábola nos traz. Vamos lá!

Em Mateus 25, vemos essa história. Quero trazer algumas reflexões importantes para você. A primeira delas é que há uma distribuição de talentos. O senhor deu a um servo cinco talentos; para outro, dois; para o último, um.

Como você já deve conhecer, os servos que receberam cinco e dois talentos, respectivamente, investiram, usaram-nos para multiplicar e assim aconteceu. Quando seu senhor retornou da longa viagem, eles tinham o dobro para apresentar como resultado.

No entanto, o terceiro homem, aquele que recebeu um talento, por medo, receio, pensamento de incapacidade, não fez nenhum uso do dele, escondendo-o enterrado. Quando teve que prestar contas, foi repreendido e chamado de servo mau. E pior, perdeu seu único talento para o homem que tinha agora dez talentos, pois seu senhor tirou do servo mau (incompetente) e deu para aquele que multiplicou.

Você consegue perceber o poder revelador por meio dessa parábola? Você compreende o quanto a nossa mente pode nos afetar? Por medo, o servo deixou de agir. Por se achar menor ou incapaz, ele enterrou aquilo que seu senhor havia dado para ele.

Infelizmente, vejo isso acontecer com muitas pessoas ainda hoje. Pessoas cheias de talentos, habilidades e competências que estão sendo levadas por crenças limitantes, pela fala de terceiros, pela crítica de pessoas que muitas vezes nem as conhecem. Isso paralisa, impede de avançar, realizar e conquistar tudo aquilo que Deus diz que você pode.

O inimigo, por meio das feridas emocionais, nos distancia daquilo que Ele projetou sobre nós. Pessoas chamadas a serem grandes comunicadores que têm medo de expressar suas opiniões.

Lembre-se que, quando Deus te chama, Ele te capacita. No entanto, o talento precisa ser treinado para se tornar uma habilidade. E se você não usar, poderá ficar sem.

O segundo ponto dessa parábola que me intriga é o que levou o senhor a distribuir os talentos da forma como ele fez: cinco, dois e um. O que o homem que recebeu cinco talentos tinha de diferente do que recebeu dois? E se você, assim como eu, deseja ser um multiplicador nessa terra, você precisa pedir a Deus que te capacite para receber os cinco talentos e para multiplicá-los.

Muitos não têm coragem de pedir por essa capacidade porque acreditam na expressão "a quem muito é dado, muito será cobrado". Porém, se é Deus quem nos capacita, Ele também nos habilitará para administrar tudo o que está sendo liberado sobre nossas vidas, e não haverá qualquer tipo de problema em prestarmos contas. Deus dá o dom; é nossa responsabilidade transformá-lo em habilidade.

Aplicação prática

Identificação das habilidades e competências

- Faça uma lista das principais habilidades e competências que reconhece em si mesmo. Inicialmente, isso pode parecer desafiador, mas é um passo importante para entender capacidades e potenciais.

Avaliação e aplicação no dia a dia

- Sinalize, na frente de cada habilidade, o quanto você tem aplicado no seu dia a dia. Reflita sobre como as tem utilizado essas habilidades de forma assertiva para gerar resultados positivos em sua vida e na das pessoas ao seu redor.

Multiplicação dos talentos

- Responda à pergunta crucial: Você é o servo que multiplica o talento que recebeu ou o que o esconde? Comprometa-se a multiplicar suas habilidades e competências, investindo nelas e utilizando-as para impactar positivamente o mundo ao seu redor.

"Porque a todo o que tem se lhe dará, e terá em abundância; mas ao que não tem, até o que tem lhe será tirado" (Mateus 25:29). Perceba a responsabilidade de utilizar bem os talentos e recursos que recebeu. Seja encorajado a não apenas reconhecer suas habilidades, mas também a investir nelas e usá-las para o benefício de outros, garantindo que possa viver uma vida plena e significativa.

10º PRINCÍPIO: LEI DO DESAPEGO

Vinculo-me à ação, e me desvinculo do resultado dela. O quanto geramos de expectativas diante de uma promessa de Deus e de uma palavra profética? Tenho visto muitos se decepcionando e, infelizmente, se afastando de Deus quando algo não acontece como planejado.

Essa necessidade de controlar o resultado nos coloca como deuses em nossas vidas, e isso impede o agir profundo e transformador do Senhor em nós. DEUS É DEUS. Se Ele fizer, Ele é Deus. Se não fizer, Ele continua sendo Deus. Eis aqui uma ex-controladora pronta para abrir o coração e compartilhar o quanto esse processo do desapego foi desafiador em minha vida.

Dentro do ambiente familiar que cresci e diante de todas as cobranças da sociedade, me vi inclinada à necessidade de conquistar. Sempre fui muito sonhadora, mas também muito realizadora. São diversas histórias de desafios superados. No entanto, todas essas histórias eram sempre cercadas de muito esforço, muito trabalho, muita dedicação, e pior, quando as coisas não aconteciam da forma como eu havia sonhado ou planejado, a decepção me fazia colocar tudo em xeque. Foram muitos anos vivendo de uma forma difícil.

Preste atenção nisto: sua vida é difícil ou é você quem a torna difícil? Muitas vezes, somos tentados a olhar apenas para o futuro, esperando que as promessas de Deus se concretizem como imaginamos. Ao fazermos isso, negligenciamos o presente, que é onde realmente podemos experimentar a presença e o poder de Deus em nossas vidas. Viver no presente nos permite ver os pequenos milagres diários e reconhecer a mão do Senhor em cada detalhe, fortalecendo nossa fé e confiança n'Ele.

Além disso, focar no presente nos ajuda a desenvolver uma relação mais íntima e profunda com Deus. Quando paramos de tentar controlar os resultados e começamos a confiar em Seus planos, abrimos espaço para que Ele trabalhe em nossos corações e mentes. Isso nos transforma de dentro para fora, moldando-nos conforme a Sua vontade e propósito, e nos prepara para receber Suas promessas no tempo certo.

A prática de viver o agora também nos ajuda a lidar melhor com as dificuldades e os desafios da vida. Em vez de nos desesperarmos com o que ainda não aconteceu, podemos encontrar paz e contentamento sabendo que Deus está conosco agora, sustentando-nos e guiando-nos a cada passo.

Essa paz nos dá a força para perseverar e manter a esperança viva, independentemente das circunstâncias.

Finalmente, ao focar no presente, aprendemos a apreciar as bênçãos que já temos e a ser gratos por elas. A gratidão transforma nossa perspectiva e nos enche de alegria, mesmo em meio às incertezas. Ao reconhecermos e agradecermos a Deus por Suas dádivas diárias, fortalecemos nossa fé e cultivamos uma atitude de confiança contínua em Seu amor e cuidado por nós.

É crucial que nos movamos em fé, entrando em ação sem ficar obcecados com os resultados. Quando agimos com base na confiança em Deus, sem a necessidade de ver imediatamente os frutos do nosso esforço, demonstramos verdadeira fé e obediência. Essa atitude nos liberta da ansiedade e nos permite colaborar com Deus em Sua obra, confiando que Ele cuidará do resto. Ao fazermos a nossa parte e deixarmos os resultados nas mãos de Deus, aprendemos a depender mais d'Ele e a reconhecer que o processo é tão importante quanto o resultado.

"Nu saí do ventre de minha mãe e nu voltarei; o Senhor o deu e o Senhor o tomou; bendito seja o nome do Senhor!" (Jó 1:21). Como você se comporta diante da falta de resultados mostra sua capacidade em lidar com a abundância ou a escassez. Quando passa a agir sem se preocupar apenas com o desfecho, você passa a admirar e colher outros frutos que estão disponíveis ao longo da jornada, mas que dificilmente seriam percebidos de outra forma.

Aplicação prática

Praticar a gratidão diária

- Reserve um momento todos os dias para refletir e escrever pelo menos três coisas pelas quais você é grato a Deus. Cultive uma mentalidade de gratidão, reconhecendo as bênçãos e os pequenos milagres em sua vida diária, como ensinado em 1 Tessalonicenses 5:18.

Estabelecer metas intermediárias

- Divida seus objetivos maiores em metas menores e gerenciáveis, confiando que Deus dirige seus passos, conforme Provérbios 16:9. Celebre cada conquista intermediária, vendo nelas o resultado do esforço combinado à orientação divina.

Adotar uma mentalidade de aprendizado

- Encare cada situação como uma oportunidade de aprendizado, buscando sabedoria e entendimento como aconselhado em Provérbios 4:7. Avalie suas ações regularmente, aprendendo com elas e crescendo na fé e no caráter cristão, independentemente do resultado imediato.

"Portanto, quer comais, quer bebais ou façais outra coisa qualquer, fazei tudo para a glória de Deus" (1 Coríntios 10:31). Este versículo nos lembra que devemos direcionar nossas ações e atitudes para glorificar a Deus. Ao praticarmos a gratidão diária, estabelecermos metas com confiança na orientação divina e adotarmos uma mentalidade de aprendizado, estamos cumprindo o propósito de honrá-Lo em todas as áreas de nossa vida.

11º PRINCÍPIO: LEI DA SEMEADURA

Aquilo que plantamos, certamente colheremos. Essa verdade é inegável: a nossa semeadura é opcional, mas a colheita é obrigatória. O princípio de que "*aquilo que o homem semear, isso também ceifará*" (Gálatas 6:7) não pode ser ignorado.

Quando entendemos isso, percebemos que cada pensamento, palavra e atitude são sementes lançadas no solo da nossa vida. Nossas palavras, por exemplo, possuem um poder incrível. Palavras de encorajamento e amor plantam sementes de esperança e vida. Já as palavras negativas podem lançar sementes de desespero e morte.

Dependendo do momento e da situação, a palavra dita contribuirá para a colheita que experimentaremos no futuro. Portanto, é essencial escolher cuidadosamente as palavras que deixamos sair da nossa boca.

Além das palavras, nossas atitudes são sementes poderosas. Quando agimos com integridade, diligência e paixão, estamos plantando sementes que produzirão uma colheita de respeito, confiança e oportunidades.

Nossas ações refletem nosso caráter e valores, moldando também a vida daqueles ao nosso redor. A inteligência emocional é fundamental nesse processo. Reconhecer e gerenciar nossas emoções ajuda a plantar sementes de paciência, compaixão e empatia.

Quando mantemos a calma e reagimos com sabedoria, evitamos semear discórdia e conflito. Essa autorregulação emocional é crucial para criar um ambiente harmonioso e positivo, tanto em nossa vida pessoal quanto profissional.

João, meu marido, costuma dizer que a colheita é sempre maior que a semeadura. Ele menciona que uma única semente de milho pode gerar até 800 grãos. Isso me faz pensar no potencial multiplicador das nossas ações.

Pequenos gestos de bondade podem crescer e se transformar em grandes bênçãos, afetando muitas vidas de maneira positiva. Assim, cada pequena boa ação pode ter um impacto muito maior do que imaginamos. Essa lição ficou clara quando minha filha Beatriz quis fazer medicina, mas eu tive muito medo de não conseguir pagar a faculdade.

Na época, João ainda trabalhava em uma multinacional, e minha empresa fazia pequenos projetos de treinamento. Nossa renda não era suficiente para assumirmos tal compromisso. Porém, ao ver todo o sofrimento dela tentando, por três anos consecutivos, passar em uma faculdade pública sem êxito, decidimos acreditar no poder da semente. Entendemos que cada mensalidade que pagaríamos seria uma semente lançada que certamente colheríamos.

Mais de quatro anos se passaram, ela já está finalizando a faculdade; com a bondade e a graça de Deus, estamos honrando o pagamento todos os meses. Ver o progresso da minha filha e o impacto positivo que ela terá na vida das pessoas como médica é uma colheita abundante das sementes de fé e esforço que plantamos. Isso nos encoraja a sermos generosos com nosso tempo, recursos e amor, confiando que Deus nos abençoará abundantemente.

Apesar disso, precisamos estar conscientes das sementes negativas que podemos plantar. Se semeamos morte, incredulidade e desespero, as consequências podem ser devastadoras. Esses frutos amargos também afetam a vida daqueles ao nosso redor. Devemos ser vigilantes para não permitir que pensamentos e atitudes negativos criem raízes em nosso coração.

A reflexão e o autoexame são essenciais para uma semeadura consciente. Regularmente, precisamos avaliar nossas motivações e ações, corrigindo nosso curso antes que sementes ruins possam germinar. Esse hábito nos ajuda a manter o foco em semear o que é bom e justo, alinhando nossas vidas com os valores que prezamos e que Deus nos ensinou.

A oração é uma ferramenta poderosa para garantir que estejamos semeando corretamente. Ao orarmos sobre nossas decisões e ações, buscamos a orientação divina e nos alinhamos com a vontade de Deus. Isso nos dá a confiança de que, mesmo que não vejamos os resultados imediatos, estamos plantando as sementes certas, que, no tempo certo, trarão uma colheita abençoada.

Por fim, é importante lembrar que, embora nossa responsabilidade seja semear diligentemente, a colheita está nas mãos de Deus. Ele é quem proporciona o crescimento e faz prosperar o que plantamos. Nossa confiança deve estar n'Ele, sabendo que trará a colheita no tempo certo, conforme Sua perfeita vontade. Isso nos dá paz e permite continuarmos semeando com fé e esperança, independentemente das circunstâncias.

Aplicação prática

Reflita e corrija a rota regularmente

- Tire alguns minutos diariamente para refletir sobre atitudes, pensamentos e palavras. Identifique áreas em que pode melhorar e faça ajustes positivos.
- Reserve um tempo curto ao final do dia para pensar sobre suas interações. Pergunte-se: que sementes plantei hoje? Como posso ser melhor amanhã? Mantenha um diário simples para registrar suas reflexões e seu progresso.

"Sonda-me, ó Deus, e conhece o meu coração, prova-me e conhece os meus pensamentos; vê se há em mim algum caminho mau e guia-me pelo caminho eterno" (Salmos 139:23-24).

12º PRINCÍPIO: LEI DO ALTAR

Aquilo que mais ocupa sua mente e seu coração é o que está em seu altar de adoração. "*Porque, onde está o teu tesouro, aí estará também o teu coração.*" (Mateus 6:21). A lei do altar é a que eu diria ser a mais importante. É até interessante ser a última quando deveria ser a primeira; ou seja, pouco vai adiantar você cumprir os 11 princípios que apresentei e não compreender a importância de investir tempo de qualidade no desenvolvimento e cumprimento dessa lei.

Em Mateus 6:6, Jesus nos diz: *Tu, porém, quando orares, entra no teu quarto e, fechada a porta, orarás a teu Pai, que está em secreto; e teu Pai, que vê em secreto, te recompensará [publicamente]*". Uma das coisas que mais me chama a atenção nessa passagem é a afirmação que Jesus faz de que Deus é nosso Pai, é seu Pai, é meu Pai. Então, não estou falando com um desconhecido, um chefe ou um senhor ao qual sirvo, estou falando com Deus. E o mais incrível é uma recomendação que traz consigo uma promessa poderosa: a de que, se orarmos e pedirmos a Deus de forma secreta, ou seja, em um lugar onde somente você e Ele se encontram, ainda assim Ele vai te recompensar publicamente.

Essa grande lei mudou minha perspectiva de vida. Eu cresci acreditando que Deus era um ser distante demais para que eu pudesse alcançá-lo, ocupado demais para que pudesse me ouvir. Então, minha relação sempre foi de muita servidão.

Acreditava, dessa forma, me tornar mais digna de ser sua filha. Sendo assim, gastei muito tempo me ocupando com o **fazer**, uma vez que era a linguagem de amor que eu compreendia. Quanto mais eu fizesse, mais Deus me amaria.

Quando acreditamos nisso, diante de um erro, de uma falha, o inverso também acontece. O peso da acusação e o medo do castigo ou, ainda pior, o temor pela rejeição de Deus era algo muito presente. Desse modo, eu vivia uma relação quase doentia: servindo por medo e me cobrando para ser perfeita e aceita por Deus.

É uma maneira difícil e pesada de se viver. Isso me custou caro, colocando-me muitas vezes em posições que nem gostaria de estar, mas que aceitava apenas pela crença que daquela forma eu estaria agradando a Deus.

Quando compreendi que não é o que faço, mas quem sou que determina esse amor – e isso nos conecta com a 5ª lei, a lei da ordem; sou filha e isso é o suficiente para que

Deus me ame – me libertei e tive a possibilidade de construir uma relação saudável de paternidade espiritual. E isso nos conecta com o 5° princípio: o da ordem. Sou filha de Deus e isso é o suficiente para que Ele me ame.

Nesse processo, muitas curas emocionais aconteceram e comecei a compreender que Deus tinha uma vida plena e abundante para mim. Embora pudesse me esforçar, buscando o melhor, me desenvolvendo e crescendo como pessoa e profissional, havia um segredo: o altar secreto.

O grande segredo desse altar é o quanto seu relacionamento com Deus se torna prioridade em sua vida, e algo importante que quero frisar, não estou falando de religião, e sim de relacionamento. Ao longo da minha jornada, conheci muitas pessoas religiosas que mal se relacionam com Deus, que O mantêm distante, ao passo que conheci pessoas que sequer frequentavam uma religião, mas que tinham Ele como um amigo próximo, companheiro de jornada.

Sabemos que nem todos têm colocado **Deus** como prioridade em suas vidas. E aqui é quando entendemos que muitas vezes o Senhor nos levará ao deserto, porque é no lugar escasso que a **abundância** d'Ele se manifesta. Será nesse lugar aparentemente sem vida, sem esperança, sem futuro que o **poder e a glória de Deus** se manifestarão.

John Bevere diz, no livro *Vitória no deserto*, que o tempo de deserto depende de cada um, de cada atitude, de cada comportamento. O povo no deserto teria um desafio de aproximadamente 11 dias. Inicialmente, esse era o período previsto para que fizesse a travessia e alcançasse Canaã. No entanto, a **desobediência** e a **incredulidade** aumentaram esse tempo consideravelmente. Em vez de 11 dias, eles passaram 40 anos. E foi necessária uma troca de gerações, pois a mentalidade daquele povo estava tão habituada à servidão no Egito que não compreendia o propósito da conquista.

Entenda, quando Deus quer mudar a sua história, Ele permitirá a saída de pessoas da sua vida, a troca de estações, a perda de um emprego, uma mudança de cidade, o afastamento de uma amizade etc. E isso não acontece porque Deus é maldoso e está punindo você por determinadas atitudes, Ele permite situações como essas porque é na dor que olhamos para dentro e passamos a refletir sobre como podemos evoluir, nos tornar melhores, sermos, segundo Sua palavra, "imagem e semelhança".

Assim, a grande estratégia desse último princípio é essa: **aquilo que você semeia no secreto refletirá no público.** E hoje, ao ler este livro, Deus está dando a você uma grande oportunidade. Esse é o tempo de parar e analisar, de se perguntar e buscar por uma resposta.

- **Quais têm sido suas colheitas?**
- **Você está satisfeito com elas?**
- **Percebe que pode ou ainda precisa mudar algo?**

Ao olharmos para nossa colheita, temos a oportunidade de escolher melhor nossas sementes. Não se colhe aquilo que não se planta. Se deseja viver uma vida de plenitude e abundância, reconhecendo o agir poderoso de Deus e compreendendo que Ele tem um propósito para sua vida, chegou sua hora: *"buscai, pois, em primeiro lugar, o seu reino e a sua justiça, e todas estas coisas vos serão acrescentadas"* (Mateus 6:33). Essa precisa ser a verdadeira motivação de nossos corações.

Garanto a você que, se escolher caminhar nessa dimensão, nunca mais haverá escassez de recursos em sua vida. Você é filho, você é filha, e existe uma promessa de que, se caminhar debaixo da visão do Senhor sobre sua vida, comerá do melhor desta terra. Essa promessa é para mim e para você. Eu já aceitei. E você? Aceita entrar nessa dimensão hoje?

Aplicação prática

Autoavaliação das colheitas

- Reserve um momento para refletir sobre as colheitas obtidas em sua vida. Pergunte-se se está satisfeito com os resultados e identifique áreas que precisam de mudança. Este exercício de autoavaliação o ajudará a se conscientizar sobre o impacto de suas ações e escolhas diárias.

Escolha consciente das sementes

- Após avaliar as colheitas, comprometa-se a escolher melhor as sementes que planta. Decida semear ações, pensamentos e palavras positivas e alinhadas com os princípios cristãos. Lembre-se que a qualidade das sementes determinará a qualidade da colheita.

Busque a orientação divina

- Peça a Deus sabedoria e discernimento para saber quais sementes plantar em cada área de sua vida. Ore e medite na Palavra de Deus, buscando direção e propósito para suas ações. Confie que Ele guiará seus passos e abençoará suas colheitas quando se alinhar com Sua vontade.

VISÃO X PROVISÃO

Quando Deus me moveu a escrever este livro, eu estava vivendo uma dimensão muito diferente da graça e do favor do Senhor. Achava que estava próxima o suficiente, que já O conhecia. No entanto, me iludi com diversas possibilidades e oportunidades e saí fora da visão que Ele tinha para mim.

Desde novinha, minha relação com Ele me levou a buscar uma profissão que me permitisse ajudar as pessoas de alguma forma. Isso sempre ardeu em meu coração. Iniciei minha jornada profissional fazendo psicologia, mas por questões pessoais não pude terminar. Acabei aproveitando uma oportunidade, quando morei no Mato Grosso, e fiz a faculdade de administração.

Confesso que não sabia como seria possível fazer essa ponte, e por anos caminhei frustrada em minha profissão. Até que, em 2010, conectada com meus líderes espirituais, comecei a entender o que é o propósito e o chamado de Deus em nossas vidas, e o mais incrível, entendi que onde eu estava profissionalmente era o "meu campo missionário".

Não precisaria abrir mão da minha profissão para cumprir as missões; pelo contrário, esse era o chamado de Deus em minha vida. Dessa forma, me desenvolvi como consultora e treinadora de carreira, liderança e empresas e tive a oportunidade de tocar muitas vidas por meio dos treinamentos e atendimentos.

Até que, motivada por um desejo imenso de crescimento, comecei a me afastar do projeto inicial que Deus tinha para mim, e alguns anos se seguiram nesse movimento. Aparentemente, estava dando certo, e ainda considero que "deu certo", pois quando olho as pessoas que cruzaram a minha vida, é impossível pensar o contrário.

Mas deu certo do meu jeito, e não do jeito de Deus, e é aqui que as coisas começam a ficar difíceis. Quando decidimos fazer as coisas pela força do nosso braço, aquilo que deveria seguir um fluxo natural, ser mais leve, toma uma proporção diferente; e o fardo se tornou pesado, insustentável.

O sétimo princípio fala sobre o mínimo esforço, e hoje posso afirmar que ele é real. Quando seguimos a direção que Deus tem para a nossa vida, há desafios, no entanto; adquirimos uma capacidade extraordinária de superar cada um deles, e esse processo se torna mais leve. Isso não estava acontecendo em minha vida.

As coisas estavam pesadas e difíceis. Fazia um esforço extraordinário para pequenos movimentos, e isso desgastou significativamente minha saúde, meus relacionamentos e até mesmo meu casamento. Eu e João vivemos situações pelas quais jamais imaginamos passar.

Ao longo de sete anos, me distanciei do propósito de Deus. Especialmente nos últimos dois anos dessa jornada, a situação beirou o insustentável. Estou contando isso a você, pois acredito que, assim como aconteceu comigo, esse é o tipo de situação que acontece com muitas pessoas. Lembre-se, sou consultora de carreira, acompanho profissionais de perto que, por estarem insatisfeitos, têm feito movimentos sem levar em consideração o propósito de Deus.

Uma das coisas que me distanciou nesses últimos dois anos do "mundo do desenvolvimento humano" foi o quanto as pessoas foram feridas e acreditaram em ilusões que acabaram por destruir suas vidas. Entenda, com muito amor, o que vou falar: você não pode ser o que quiser. Para alcançar a plenitude, a abundância, precisará da sabedoria divina, do direcionamento para a **visão** de Deus em sua vida, pois somente vivendo seu propósito você será completo.

Eu vivi isso, e essa é a razão de estar aqui, compartilhando com você. Meu objetivo é levá-lo a refletir, abrir seus olhos e mostrar que existe um caminho de volta. Ao final desses sete anos, passei por uma imersão. Um encontro profético, que aconteceu em Palmas, com meus líderes espirituais. Eu estava no meu limite emocional, espiritual, e até mesmo financeiro. Estava vivendo situações de extrema escassez.

Imagine o nó na minha cabeça. Inclusive, essa foi uma das razões pelas quais este livro que você está lendo hoje não foi lançado há mais tempo. Eu brigava e questionava Deus e me perguntava: como posso falar sobre prosperidade, riqueza e plenitude sendo que estou vivendo a estação mais escassa da minha vida? Eram muitas dúvidas. Havia dor e revolta em meu coração. No primeiro dia de imersão, o apóstolo Coraiola exclamou: "Se te falta a provisão é porque você está fora da visão".

Essa afirmação me atingiu como um meteoro. Minha mente explodiu naquele momento e, de forma impactante, reconheci que, ao longo dos últimos anos havia realizado muitos feitos, porém tudo havia sido feito com a força dos meus braços. Foram três dias de muitas revelações. Deus me fez lembrar de projetos importantes que estavam engavetados, pois escolhi acreditar em uma ilusão e não na minha própria capacidade.

Tive visões de onde poderia estar se tivesse sido fiel ao que Deus havia entregado em minhas mãos, e isso doeu demais. Apesar disso, algo que preciso reforçar para você, que talvez esteja vivendo essa mesma situação, é que Ele sempre nos dará a possibilidade de recomeçarmos, especialmente quando reconhecemos que saímos fora de Sua visão.

Naqueles dias pude compreender que a escassez emocional, financeira e profissional que estava vivendo era porque tinha me afastado totalmente do projeto inicial. E ali decidi percorrer um caminho de volta. Foram dias difíceis. Entrei na "caverna", buscando por uma direção de Deus para concretizar tudo o que seria necessário e tive que fazer muitos movimentos. Encerrar uma sociedade; abrir mão de alguns cursos e formações que ministrava na época; reconhecer meu papel como mulher, esposa e mãe dentro da minha casa; e, especialmente, voltar à origem, colocando Deus como a verdadeira prioridade em minha vida. Muitas mudanças, muito alinhamento, e a cada passo que dei em direção a meu destino profético, Ele foi colocando convicção e certeza em meu coração.

As portas começaram a se abrir. A paz voltou a reinar em minha casa. Vi que minhas filhas e meu marido passaram a reconhecer a leveza em minhas atitudes; e de uma pessoa sobrecarregada, esgotada e insatisfeita, voltei a ter brilho nos olhos e alegria em viver e cumprir desde as pequenas tarefas diárias até enfrentar os maiores desafios que ainda estavam por vir.

Foi o ano mais difícil da minha vida, mas, não apenas o superei, como sou grata por todos e tantos aprendizados que tive. E um selo, uma marca foi liberada pelo meu líder naquela imersão. Ele disse que existia um propósito de Deus nesse retorno e que, como sinal, ao longo do próximo ano, eu pisaria em ao menos cinco nações.

Quando recebi essa palavra, confesso que, embora tenha me empolgado (eu amo viajar), não tive fé o suficiente. Na situação que estava naquele momento, era simplesmente impossível que isso se cumprisse. Não havia qualquer possibilidade humana.

Pois bem, eu disse *humana*. Queridos, se tem algo que aprendi em toda a minha jornada com Deus é que Ele tem prazer em nos surpreender. O apóstolo Paulo, na carta aos

Coríntios diz: *"Nem olhos viram, nem ouvidos ouviram, nem jamais penetrou em coração humano o que Deus tem preparado para aqueles que o amam"* (I Coríntios 2:9). E eu vivi isso em minha vida.

Ao longo daquele ano, não pisei em cinco nações, mas em nove. Isso mesmo: no ano mais improvável da minha vida, Deus me levou para visitar nove países, da América até a Europa, e me fez reconhecer o que é estar sob Sua vontade. Quando compreendemos os propósitos do Senhor em nossas vidas, não resta dúvida sobre a abundância que Ele derrama sobre nós – e por que não dizer? Uma vida inabalável?

Eu, sozinha, tentei por tantas vezes pisar nesses países. Mas todo esforço feito fora da vontade de Deus é em vão. Quando me alinhei, decidi voltar para a visão que Ele me entregou sete anos antes, e fiz daquilo meu verdadeiro propósito, não apenas prosperei, como abri portas e possibilidades para que todos aqueles ao meu redor pudessem igualmente alcançar essa dádiva.

Por isso, quero afirmar que a verdadeira abundância só é possível quando estamos no centro da vontade de Deus para as nossas vidas. E se você ainda está se perguntando qual é essa vontade, é tempo de investir no 12° princípio. O altar secreto, o tempo de qualidade a sós com Deus, vai revelar a você os projetos que Ele tem para sua vida. Tenho convicção de que, assim como vivo e seguirei vivendo, a passagem de Paulo aos Coríntios se tornará real em sua vida. Mesmo que hoje não creia, apenas decida fazê-lo e, em breve, me relatará o que está vivendo.

CAPÍTULO FINAL

Ao chegar ao final deste livro, quero agradecer a você, leitor, por ter embarcado nesta jornada comigo. Compartilhei histórias pessoais, reflexões e princípios que considero fundamentais para viver uma vida inabalável. Minha esperança é que cada capítulo tenha plantado uma semente de transformação em seu coração, ajudando você a enxergar a escassez e a prosperidade sob uma nova luz, sempre guiado pelos princípios cristãos.

A vida inabalável não é uma promessa de ausência de desafios, mas uma certeza de que, independentemente das circunstâncias, podemos encontrar força e propósito em Deus. Tudo começa com a compreensão de que aquilo que semeamos no secreto refletirá em nossa vida pública. Nossas ações, palavras e pensamentos são sementes que, quando cultivadas com cuidado e intencionalidade, produzem colheitas abundantes.

Ao longo deste livro, discutimos a importância de viver no presente, de valorizar o processo tanto quanto o resultado. A prática da gratidão, a identificação e multiplicação de nossos talentos, e a confiança na orientação divina são pilares que sustentam uma vida próspera e significativa.

Esses princípios não apenas fortalecem nossa fé, mas também nos equipam para enfrentar as adversidades com uma perspectiva renovada. Minha própria jornada não foi isenta de medos e incertezas.

A história da minha filha Beatriz, por exemplo, ilustra como a fé e a decisão de semear no presente podem resultar em colheitas que superam nossas expectativas. Decidimos investir em sua educação, confiando que Deus honraria cada esforço. Hoje, vemos os frutos dessa decisão e somos gratos pela graça e provisão divina que nos sustentaram.

Quero encorajar você a continuar aplicando os princípios que discutimos aqui. Pratique a gratidão diariamente, estabeleça metas intermediárias e celebre cada pequena vitória. Lembre-se que sua identidade está enraizada em Cristo e que Ele deseja que você viva uma vida plena e abundante. Cada passo que você dá em direção aos seus sonhos, quando alinhado com a vontade de Deus, é um passo em direção a uma vida inabalável.

A vida inabalável também é marcada pela capacidade de servir aos outros. Quando nos engajamos em ações altruístas, refletimos o amor de Cristo e encontramos um propósito maior. O impacto que você pode ter na vida das pessoas ao seu redor é imenso, e essas experiências enriquecedoras reforçam que somos chamados para ser luz no mundo.

À medida que continua sua jornada, convido você a tirar um tempo e refletir sobre suas colheitas. Se há áreas que precisam de mudança, lembre-se que nunca é tarde para começar a plantar novas sementes. Deus nos oferece novas oportunidades a cada dia, e a Sua graça é suficiente para nos capacitar a viver de acordo com Seus propósitos.

Espero que este livro tenha sido um instrumento de inspiração e transformação. Minha oração é para que você se sinta encorajado a buscar uma vida inabalável, não apenas para seu próprio benefício, mas para a glória de Deus e para o bem daqueles que ama. Desejo que sua fé seja fortalecida e que encontre alegria e satisfação em cada etapa do seu caminho.

Este é apenas o começo de uma jornada contínua. Tenho outros projetos e materiais que pretendo compartilhar, sempre com o objetivo de inspirar e fortalecer sua caminhada. Te convido a continuar me acompanhando, seja por novos livros, palestras ou conteúdos on-line. Juntos, podemos crescer na fé e na compreensão dos planos maravilhosos que Deus tem para nós.

Por fim, lembre-se que você é chamado para viver uma vida inabalável, fundamentada na fé, na esperança e no amor. Que cada decisão, cada ação e cada pensamento seu sejam guiados pela sabedoria divina, te levando a uma vida de abundância e propósito.

Obrigada por permitir que eu compartilhasse minha história com você! Que Deus te abençoe abundantemente!

Saiba mais sobre a autora
e entre em contato pelo
link do QR Code a seguir: